2025
월간 시(see)가 선정한 명시선

2025

월간 시(see/詩)가 선정한 명시선

서문

2025년
시인은, 시를 쓰며 존재의 질서를 회복

복잡한 시대를 살고 있는 현대인들에게 시의 자리는 크고도 넓습니다. 영혼이 깃든 시는 우리의 마음을 위로해 주어 웃고 울게 하기도 합니다.

《월간 시see》가 선정한 시들은 언어구성이 이색적이면서도 리듬을 잘 구사하였고 작법 또한 다양하여 창작의 묘미를 살펴볼 수 있습니다.

저마다의 삶이 묻어나는 작품마다 철학과 예술성이 뛰어나 시인의 의지가 더욱 깊음을 느낄 수 있습니다. 그리고 감상적인 운율이 강물의 흐름을 닮아 물처럼 흐르며 반짝이는 시어들이 강한 호소력을 지녀 마치 한 편의 드라마를 보는 것처럼 현장감이 넘치기도 합니다.

그리고 현재보다 과거 힘들었던 일들을 떠올린 사연들은 힘든 삶에 지친 사람들에게 큰 위로가 됩니다.

서정환
작가 · 발행인

    어렵고 힘들 때마다 많은 사람들이 신앙심을 통해 신의 은총에 감사하며 자신의 인생을 지탱해 가듯, 시인은 시를 쓰며 존재의 질서를 회복해 가는 것도 느꼈습니다.
    좋은 책을 발간할 수 있도록 훌륭한 글을 보내주신 시인님들께 감사드립니다.

차례

서문   **서정환** 작가·발행인 · 04

초대시 · 1

강서일	고양이 액체설 외 1편 · 11	
강외숙	적막한 식민지에 네가 있다 외 9편 · 15	
고 은	낯선 곳 · 26	
김연수	유혹 외 9편 · 29	
김형애	강江 외 9편 · 40	
도종환	나무에 물을 주며 · 53	
문효치	갈참나무 3 · 55	
박상재	울릉도 외 9편 · 57	
박이도	거울 · 68	
서정윤	소묘 · 70	
신달자	제주의 발가락을 보다 · 72	
신세훈	슬픈 날이면 하늘을 · 74	
오세영	발아發芽 · 76	
유안진	들꽃 언덕에서 · 78	
이근배	문 · 80	
정계문	침묵의 벗 외 9편 · 82	
채자경	송화의 그늘 외 9편 · 93	
최창일	풍경 속에서 · 108	
허형만	비밀 · 110	

초대시 · 2

고재덕	마음을 압니다 외 9편 · 113
김 들	웅덩이 외 9편 · 128
김관형	영혼의 그림 외 9편 · 143
김분남	대한민국 행운할매 외 9편 · 157
김석인	그대는 보안등 외 9편 · 168
김춘자	깬다 외 9편 · 182
김희경	아름다운 가게 외 9편 · 193
류한상	동역의 하늘 외 9편 · 204
박득희	뒤늦은 후회 외 9편 · 215
박원규	화사火蛇의 밤 외 9편 · 228
송호민	마음의 빗장을 열고 외 9편 · 239
신충훈	나무의 언어 외 9편 · 251
오정선	여문 모습 외 9편 · 262
유소선	허수아비 미소 외 9편 · 274
이덕순	하나의 꿈 외 9편 · 285
이우암	겨울 소풍 외 9편 · 298
이정숙	성 밖 숲 외 9편 · 316
장동석	철쭉을 보며 외 9편 · 327
최남균	비꽃 외 9편 · 343
황화임	만타의 여정 외 9편 · 357

초대시 · 1

강서일 강외숙 고 은 김연수 김형애
도종환 문효치 박상재 박이도 서정윤
신달자 신세훈 오세영 유안진 이근배
　　　　정계문 채자경 최창일 허형만

초대시 · 1

강서일

〈수록 작품〉

- 고양이 액체설
- K의 여행

강서일

고양이 액체설 외 1편

고양이는 액체라고 주장하는 사람이 있다[*].
맞지도 않는 종이상자에 몸을 맞추고
동그란 어항에도 구겨져 들어가는 고양이는
분명 흐르는 액체다, 딱딱한 책이 아니다.
(그는 분명 시인이며 화가일 것이다.
시인은 엉뚱한 시론으로 언어를 조작하여
새로운 사실을 발견한다. 언어로 고정된
이미지를 흔들어 또 다른 사물을 창조하고
화가는 형태를 부수어 뒷면을 보여준다.)
그렇다면 이 세상의 모든 것은 끝내
시간 앞에 액체다.
나무도 비단뱀도 남한산성도 액체다. 녹아 흐른다,
흐르고 흘러 어느 순간에
기체가 될 것이다. 그러니 사람들이여
금광을 가졌다고 좋아하지 말지어다.
금보다 먼저 당신이 액화하고 기화되어 사라질 것이다.
그럼 우리집 고양이는 액체가 아니라
기체다, 라고 나는 주장한다. 그렇게 우기고 보니
왠지 몸이 가볍고
늦은 봄밤이 더욱 향기롭다, 액체 고양이여!

[*] 프랑스 리옹대학 물리학연구소 과학자 '파르딘 마크-앙투완'의 가설.

K의 여행

흐르는 물이다
물 위를 떠다니는 꽃잎이다
가지에 꼭 붙어있을 땐
하강이 두렵던 작은 꽃잎이다
알프스 호수에서 노숙하는 백조다
중세의 고성에는 침묵을 기르는 돌감옥이 산다
공중에 매달린 침대도 있다
아프리카에서 건너온 왕실의 상아나이프는
잘려나간 고기의 단면과 핏방울을 기억한다
두 눈 뜨고 대낮을 활보하는 꿈이다
꿈이 부풀어 방언이 터지는 저녁
불에 구운 전갈들이 하얀 접시위에 담겨있다
골목길을 돌아가면 거기 거울의 방이 있다
갈라 터지는 연약한 육체들,
검버섯 핀 돌들이 몇 살이냐 묻는다
다시 물 위를 떠다니는 꽃잎이다
언제 어디로 흐를지,
저 어두운 하늘기러기의 하염없는 날개
조용한 강을 깨우는 성당의 종소리
그 뒷마당에 죽은 자들의 집들이 나란하고

햇살은 아이들과 뒤섞여 놀고 있다
가벼운 현기증 같은 것들이 떠다닌다

PS : 배낭속의 다음 열차는 칙칙 울어 쌓고
    K는 '약하지만 부지런히 나아갑니다.'*   *J.S. 바흐

초대 시 · 1

강외숙

〈수록 작품〉

- 적막한 식민지에 네가 있다
- 보헤미안 비망록
- 무 반쪽 같은 달이
- 눈물 무늬 첫눈
- 봄날의 시놉시스
- 방목
- 센티멘탈
- 시에 관한 고백
- 어머니의 시
- 달의 뒤통수

적막한 식민지에 네가 있다 외 9편

가을과 봄 사이
바람든 무처럼 가벼워진 오늘
내 쓸쓸한 식민지에 적막이 세 들었다
어떻게든 올 것은 오고 갈 것은 간다

산다는 건
사슴뿔 같은 노란 싹을 달고
지친 몸피로 버려지는 무 같은 어제들

겨울과 봄 사이
폭설이 지나간 저물녘에
봄눈처럼 흩날리는 엽서들이 있다
나는 붉은 손톱의 시절을 지나왔을 뿐
써서 보낸 글자들이 눈물에 번져
사라지는 걸 어찌할 수 없다

끝말은 명료한데
그래도 다를 거라는 착각으로
파랑 높은 바다를 건너려고 했을 뿐
이렇게 심한 멀미로 기우뚱거리는 세상
어떻게든 올 것은 오고 갈 것은 간다
내 적막한 식민지에 네가 있으니까

보헤미안 비망록

나는 보헤미안
나의 언어는 어디에도 없다
무꽃 피어나는 봄이 오면
새 노래에 설레는 봄이 오면
보헤미안의 얼룩진 비망록을 덮고
노루귀 풀처럼 푸른 귀를 세워
뿌리의 부재를 들어야 한다
뽀얀 길에 놓인 뱀 허물을 보듯
휘몰아친 시간의 껍질을 돌아보며
느슨하게 피는 산 벚꽃으로 피어
마음이 가는 길을 바라보아야 한다

무 반쪽 같은 달이

어머니가 주시던
무쪽같은 달이 떴다
무 반쪽 같은 달 속에
하얀 바람꽃이 흔들린다

무 반쪽 같은 달 속에
바람꽃이 흔들리는 건
마지막 말 대신
흐르던 어머니 눈물
그 물결무늬 때문이다

나 여태 어리석어
당신 슬픔 가늠하지 못했지만
무 반쪽 같은 달이 뜨고
푸른 양귀비꽃으로 별이 핀밤
슬픔의 힘으로 달이 걸어간다

눈물 무늬 첫눈

첫눈 오는 밤
나타샤도 흰 당나귀도 떠난 밤
창밖에 사락사락 눈은 내리고
마음 길 굽이굽이 눈 덮는 밤
바람만 저 홀로 발자국 찍는 밤

아무것도 아닌 나를 사랑하여
눈보라 떨치고 와 건네던 편지
흰 눈 닮은 첫 마음
눈물 무늬 번지던 행간 그립다

첫눈 오는 밤
외로움만 저 홀로 흩날리는 밤
누군들 사랑 시 한 편 없겠냐만
잊히지 않는 희맑은 문장 하나
그 시린 눈물 무늬 그립다

봄날의 시놉시스

아버지의 관에 핸드폰을 대고
국경을 넘은 피붙이의 울음을 전하며
셰익스피어의 겨울 이야기를 생각하며
인생이 지나가는 무대에서 우리 서로에게
어떤 역할이었냐고 묻던 대사를 떠올리며
물감처럼 번지는 호곡의 운율 속에서
이건 꿈이라 생각하면서

아버지의 관에 핸드폰을 대고
말이란 뱉는 게 다가 아니라던
아버지의 비장한 묵시록을 생각하며
전쟁에서, 암 병동에서 지켜낸 목숨
홀로 접은 아침을 납득하지 못하면서
치명적 염료로 채색된 극적인 결말에
이건 꿈이라 생각하면서

아버지의 관에서 핸드폰을 떼고
대서양을 건넌 피붙이의 울음을 닫으며
심장엔 수많은 후회 파편으로 박히면서
벚꽃인지 아버지 흰 얼굴인지 모르면서
이건 꿈이라 생각하면서…

방목

강물이 손가락 새로 빠져나가듯
바람이 머리카락 새로 빠져나가듯
신발이 진부한 세상을 빠져나갈 때
시가 두려워 방목한 세월이 있었지

간절함을 들키지 않으려
북소리 따라 숲으로 숨어든 때도
황량한 폐사지에 민들레가 피고
더러 보름달 같은 시의 얼굴이 떠올라
외따롭게 주저앉아 울기도 했었지

콩밭에 후드득 빗방울 돋듯
때가 되어야 내리는 비처럼
마지막의 마지막까지 가기로 했지

센티멘탈

쓸쓸해서 머나먼 해변으로 가자

울다가 하얀 앞치마로 엎어지는
물거품이나 사랑하면서
조가비만큼 조그맣게 살자

쓸쓸해서 머나먼 해변으로 가자

가을 접고 겨울 젓는 기러기같이
그리운 말 쓰며 가는 기러기같이
지상의 밥 냄새를 지우며 가자

쓸쓸해서 머나먼 해변으로 가자

내 사랑이 흘러간 바다로 가서
울다 울다가 소금이나 되자

시에 관한 고백

시를 찾아 오래도록
세상의 변방을 배회했다

더러는
이방의 숲을 나는 새였고
더러는
머나먼 해변의 바람이었다

볼품없는 나의 내부로부터
쏟아낸 언어의 미아들에게
이제 고해를 할 때다

생애의 날것을 익히며
깃든 새와 풀잎을 보듬으며
지는 꽃의 아름다운 눈물로
한점이 된 격렬비열도쯤에서

어머니의 시

어머니의 시는
종달새 노래로 익어가던 완두콩
꼬투리에 묻은 연두색 눈물입니다.

어머니의 시는
무쇠솥에 피어나던 뽀얀 김
앞이 보이지 않는 눈물입니다

어머니의 시는
부엉이 소리로 익힌 묵은 지
못 올 이 기다리는 군내입니다

어머니의 시는
들깨 대궁이 바스러지는 소리
억장이 타는 불꽃의 노래입니다

어머니의 시는
유장한 문장이 축약된 외마디
깊이를 알 수 없는 한숨입니다

달의 뒤통수

바람이 달빛을 부수는 밤
세상의 모든 배반을 진
달의 뒤통수는 그리움이다

맛만 보는 인생이란 네 독백에
어머니가 꾹꾹 울던 밤같이
묵묵한 달은 만삭이다

한생애가 엎어진 가을
스물일곱 뽀얀 국어 선생이 좋아한
은행나무만 육천 광년 너머 따라가
무량의 이파리로 전생을 비우는지
나뭇잎 지는 소리만 소설 한 권이다

바람이 달빛을 쓸고 가는 밤
네게 아무 것도 못해 준 나
은행잎 잎마다 안부를 적어
네 한 권의 눈물 닦아야 한다

초대시 · 1

고 은

〈수록 작품〉

- 낯선 곳

낯선 곳

떠나라
낯선 곳

아메리카가 아니라
인도네시아가 아니라
그대 하루하루의 반복으로부터
단 한 번도 용서 알 수 없는 습관으로부터
그대 떠나라

아기가 만들어낸 말의 새로움으로
할머니를 알루삐라고 하는 새로움으로
그리하여
할머니조차
새로움이 되는 곳
그 낯선 곳으로

떠나라
그대 온갖 추억과 사전을 버리고
빈 주먹조차 버리고

떠나라

떠나는 것이야말로
그대의 재생을 뛰어넘어
최초의 탄생이다 떠나라

초대 시 · 1

김연수

〈수록 작품〉

- 유혹
- 백장미
- 산국화
- 언어에게
- 충만
- 물건도 아니고 마음도 아니고
- 밤
- 그 시인을 만나던 날
- 내 사람아
- 기도의 바다에서

김연수

유혹 외 9편

산당화 활짝 핀
뜨락에선가
전신에 찍혀 버린
선홍빛 문신
먹어도 먹어도 배고픈
윤사월 시장기로
속살까지 후비고 들더니
먹구름장
야수처럼 내달리다 울부짖다
땅을 침략하는
한 여름 밤
내 질서를 유린하더니
창마다 하나씩
촛불 밝히는
가을 저녁
한 그루
바람 맞는 나무로
나를 세운다
겨울이 오는 빈 들에
나를 세운다.

백장미

이제는
더 숨길 수 없는
연정입니다.
도저히
말씀으론
다 드릴 수 없는 가슴입니다.
다가설수록
아득하기만한 그대
찾아 나서는 길목마다 헝클어져
전신이 사위는 그리움이여.
그대 그림자 그 발치에라도
나를 다 피워 올릴 수밖에 없는
이 화려한 비운 앞에
물러설 한 치의 땅조차 없어
눈물에 헹구어 낸
하얀 의상만
겹겹이 쌓이는
사랑의 현장입니다.

산국화

초가을 비
한 차례
지나간 아침
수유리
산길을 오르노라니
아리아리 연보라빛
산국화 한 떨기가
웃고 있어요.
고은이 멀리서만 보는 아픔
눈 한 번 감아 떠서
문지른 웃음으로
피어 있어요.
해일로 부푸는
뜨거운 가슴
다스린 여인으로
서 있어요.

언어에게

천지에 너는 없다.
모태에서 배운 말까지
다 쏟아낸대도
너는 없다.

찢기고 으스러지는
삶의 가슴에 품어 안고
체온을 다 쏟아 부어야 비롯되는
너의 숨결.

너의 출생을 둘러싸고
우리들이 투영되는 수면을
맑게 닦는
바람을 재운 바람.

그러나 다른 가슴에서
너를 무너뜨려
다시 살지 않으면
너는 없다.
천지에, 언어여, 너는 없다.

충만

일상의 버릇처럼
하늘을 본다.

구름이 오고
구름이 가고

이름이 오고
얼굴이 가고

바램이 오고
집착이 가고

비인 하늘이 있다.
비인 마음이 있다.

물건도 아니고 마음도 아니고

꽃이파리
하나
손바닥에 올려놓으면
소리 없이 흔들리는
강이 보인다.
바람결에 비늘을 풀풀 날리며
매디 굵은 손가락이
썼다가 지워가는
지웠다가 또 써 가는
글발이 보인다.

밤

내가 버린 단어들이
빛나는 물새로 떠도는
해변에서 만난 젖은 바람
나뭇가지가 잡은
한 다발의 햇살을 빼앗아 들고
숲속
길을 막고 길게 누운
늪으로 간다.
나의 안과 밖이
어둠 속에 파묻히고
늪에서 잠을 깬 북소릴 끌어안는
바다.
하나씩 모반의 손끝으로
절망의 건반을 두드리며
도망치는 단어들,
내 건강을 술처럼 따라 마시며
벼랑으로 나를 모는 바람이여
빈 컵 가득히 어둠이 넘치는 밤
바람 소리가 요란하다.

그 시인을 만나던 날

교정에서
그를 처음 만나던 날
시의 눈빛을 처음으로 보았다.
무성히 자라 영혼을 얽어매고
뒤엉키는 살덩쿨을 풀어
기도에 돌려주는
기적을 빚는 손가락하며
작은 횃불을 켜 들고
가슴에서 가슴으로
그 어려운 샛길을 밝히며 오가는
또렷한 발자욱.
사람마다 간직한
아름다운 꽃씨를 싹 틔우는
따뜻한 입김이여.
그 시인을 만나던 날
시의 눈에 어리는
하느님의 미소를 보았다.

내 사람아
– 성 목요일 밤에

그대 사랑의 말은
이마 뚫은 가시 끝에 솟아 오른
그 진한 핏방울인가.
온 우주 텅 비던 외로움으로
흩어지던 그대의 몸과 맘은
마른 땅 흥건히 적시던 눈물인가.
스테인드 그라스에
투명하게 매달린 사람아
죽기까지 외롭던 사람아
끝내는 줄 것 없어
피흐르는 살을
뚝뚝 떼어 주던
그대의 발언
그 앞에 말을 잃어
고개 숙인 응답을 듣는가
내가 버렸던 사람아
내 사람아.

기도의 바다에서

내가 그대를
그리워 하는 것은
두려움 없이
고독을 나눌 수 있기 때문이다

내 지독한 외로움을
고독으로 키워
새로운 삶으로
넘어가게 하고

내가 그대와
때때로 멀리 떨어져 있어도
서러움에 잠기지 않고
기쁘게 살 수 있는 것은

고독의 강을 건너
기도의 바다에
우리가
함께 살기 때문이다

초대시 · 1

김형애

〈수록 작품〉

- 강江
- 바람, 바람, 바람
- 카프리! 그대의 연인 되어
- 시린 하늘
- Guanacaste의 밤
- 한가로움
- 부에노스아이레스의 가을
- 가을
- 영혼의 주름
- 주의 손에 다림줄

김형애

강江 외 9편

강변에 서 있다

물은 잔잔히 흐른다
강한 바람 만나면
파도를 일으켜 달음박질한다
하얀 거품 뿜어내며 숨 가쁘다

바람이 잦아들면
다시 조용히 흐른다
바다에 다다르기를 바라며

검은 구름 몰려와
천둥 번개 치며 소낙비를 퍼붓는다
강江은 온몸을 떨며 흠뻑 젖어 흐른다

맑게 개인 푸른 하늘 올려다보며
몸을 말리며
바다에 닿을 것을 생각한다

거기엔 아무 일도 없으리라
넓은 곳에서 평안히 지내리라

난 강변에 서서
강江의 생각을 캐고 있다

바람, 바람, 바람

세찬 바람에
폭염暴炎
슬며시 꽁지 내리고

칼바람에
검은 가면
벗겨지고

성령 바람에
회개의 눈물
하얀 세마포 입힌다

카프리! 그대의 연인 되어

에메랄드빛 당신의 모습
투명한 빛 속에 품고 있는 조각들
현재와 미래를
날갯짓으로 중랑이네
난 그대의 가슴에 안겨
아름다운 먼 여행길 떠나네

카프리! 설레어 잠들지 못하고
당신의 연인 되어
당신의 몸속에 잠겨
혼절昏絕
그대는 나의 영원한 연인

시린 하늘

11월의 시린 하늘
뜨겁게 달았던 가슴에
창백한 초생달 떠오르고
스산한 바람에
갈잎만 뒹굴어

11월의 하늘은
시린 하늘

Guanacaste의 밤

태평양 연안
Guanacaste의 밤
바람의 아우성이
흑암을 휘감고 진통陣痛한다
Palm Tree 잎들은
바람의 손에 잡혀
함께 소리치며
미친 무희舞姬처럼 날뛴다
에밀리 브론테의 《Wuthering Heights (폭풍의 언덕)》
상기되는 이 밤
Costa Rica Guanacaste의 밤
나의 밤을 깨우면서
하얗게 질리고 있다.

바람아! 잠들어라
태평양을 재우라
나의 밤도 재우라

한가로움

산은 온통
초록, 초록의 정글

하늘은
쪽빛, 쪽빛으로 높아 있고
목화송이 두둥실

시간은
계곡의 맑은 물속에 빠져
피라미와 놀고 있다.

부에노스아이레스의 가을

잿빛 하늘이 낮게 드리워진 부에노스아이레스
가로수는 노란 단풍으로 채색된 체
그 잎들은 반 이상 떨어져 뒹굴고 있다
간간이 불어오는 바람은 낙엽을 몰고 다닌다

레꼴레따 묘지를 돌아본다
에바 페론의 묘를 찾으며
"Don't Cry For Me Argentina"의 노래가
귓가에 들려 온다
33세의 나이로 마감된 삶
세상의 어떤 것도 얻지 못한 그녀

이태리 대리석으로 장식된 묘지들
금으로 된 예수님상으로
영원한 안식을 바란 가문의 묘

지금 모든 묘는 회색 하늘 아래 있다
먼지와 낙엽을 날리는 바람과 함께

에바 페론의 묘를 찾았을 때에
하늘은 비를 뿌리기 시작한다

맑은 공기라는 뜻 부에노스아이레스
그의 가을은 애수哀愁로
가슴을 적시며
자투리 시간 속으로 나를 밀고 있다

가을

가을이
대지大地 위에
처연凄然히 누웠다

붉은 몸
차갑게 불어오는 바람에
뒤척이며

영혼의 주름

가랑비 받아
영혼의 주름에 뿌린다

뜨거운 햇살 받아
젖은 영혼의 주름을 편다

푸르름 찾아
주름 없는 영혼은
높이 높이 날아오른다.

주의 손에 다림줄

벼랑 끝에 서 있는 나
회오리바람 몰아쳐 휘청거릴 때

주님은 다림줄 던져
나를 휘감아 내리시고

양손으로 나를 껴안으시며
뜨거운 눈물 흘리신다

초대시 · 1

도종환

〈수록 작품〉

- 나무에 물을 주며

나무에 물을 주며

책을 읽을까
며칠째 쌓여 있는 우편물을 뜯을까
생각하다
꽃나무에 물을 준다
오늘은 아침부터 바람이 심하게 불고
한로 지난 나뭇잎도 나도
스산하기 그지없다
많은 날 돌보지 않고 버려둔 잎들은
목마름 참다 참다
외로 틀어져 있고
나뭇가지보다 더 메마른
내 마음속 실뿌리는
어디 한군데 발 뻗을 곳 찾을 수 없다
신문을 펼칠까
던져둔 서류봉투를 열까 생각하다
파초잎과 동백나무에 물을 준다
세상사 다 나 혼자 짐져야 하는 듯
헤매고 다니다 지쳐 돌아와
오늘은 서늘한 물줄기에 발을 적신다

초대시 · 1

문효치

〈수록 작품〉

- 갈참나무 3

갈참나무 3

또 다른 갈참나무 잎사귀에
달려 있는 불빛은
맑은 바람에 닿아 비파 소리를 내는데
이 소리 모두 나무줄기를 타고
지하에서 올라온 것들이라
땅속에 억수로 많은 죽음들이 있는데
죽음이란 침묵이나 무의미가 아닌
또 다른 생명의 몸짓이라
그 생명들이 빚어 놓은 빛과 소리
지하에 잘 고여 있다가
언뜻 튀는 놈이 있어
이렇게 나무 잎사귀로 올라오는 것이라

초대 시 · 1

박상재

⟨수록 작품⟩

- 울릉도
- 분꽃
- 분꽃의 비밀
- 분꽃 – 분이에게
- 아기와 부들
- 길
- 첫눈
- 꽃시계
- 엉겅퀴
- 자두나무 아래서

박상재

울릉도 외 9편

울릉도 바닷가에는
후박나무가 많지
윤기나는 잎이 두터워
인심도 후할것 같은
후박나무

후박나무 열매로
엿도 만들어
울릉도 호박엿은
원래 후박엿이었지

세월은 가고
인심도 변하는 것
시방은 후박엿도
그 많던 오징어 떼도
오간 데 없이 사라진
울멍울멍 울릉도

분꽃

한낮이 지나
해거름 다가오면
오므린 꽃잎을 여는
시간을 잘 지키는 꽃

허기지게 일한
식구들 배 고플 테니
어서 밥지을 준비하라고
알람처럼 귀뜸해 주던 꽃

다섯 시 쯤 되면
일제히 속살대며
손나팔 소리로 노래하는
알록달록 고운 꽃

어슴프레한 달빛 이고
식구들 모여 앉아
저녁 먹는 모습이 좋아서
밤새도록 흐뭇히 웃는 꽃

분꽃의 비밀

골목길에서 놀다
분이가 토라져 가면
분꽃도 시무룩해 있었다

분이가 밥 먹고
별노래 부르며 나오면
분꽃도 활짝 웃었다

분이 닮은 그 꽃이
밤에만 핀다는 사실을
분이가 이사한 후에야 알았다

분꽃
– 분이에게

땅따먹기 공기놀이 하다
내가 이기면
분이가 징징대고
분이가 이기면
내가 투덜거리던

입 꼭 다물고 있다
해질녘 집으로 돌아갈 무렵
배시시 피어나는
분이 닮은 꽃

문득
분이가 보고 싶다

아기와 부들

아장 아장
연꽃 만나러
아기가 연못가로
다가섭니다

아기가 행여
물에 빠질까 봐
부들은 부들부들 떨지만
낮달은 하얗게 웃습니다

풍경 소리
바람에 실려
연꽃 한 송이를
살포시 피웁니다

길

오르막길이라고
너무 버거워 마라
정상에 오르는 길은 힘들지만
희망이 끝까지 응원해 주고
드높은 깃발이 펄럭이잖니?

내리막길이라고
너무 허전해 마라
마음이 풀려 헛헛하지만
맞아줄 집과 가족이 있고
다리 뻗고 쉴 안식처가 있지 않니?

첫눈

첫눈이 올 때
생각나는 이가 있다면
행복한 사람이다.

첫눈이 올 때
전화할 수 있는 이가 있다면
더 행복한 사람이다.

첫눈이 올 때
함께 걸을 수 있는 이가 있다면
마냥 행복한 사람이다.

눈이 오기를
기다리는 이는
가장 축복받은 사람이다.

꽃시계

따따따
뚜뚜뚜
어둠을 물리치고
아침을 깨우는
나팔꽃
모닝 글로리

도리번
두리번
휘둘러보며
점심을 알려주는
해바라기
선프라워

가지런히
손모아
달돋는 시간 알려주는
달맞이꽃
이브닝 프림로즈

엉겅퀴

산과 들 양지 녘에
힘차게 자라는 자주꽃

피를 멈추고
엉키게 하는
하얀 털은 가시가 되어
스스로를 보호하는

적군들 쳐들어오자
날카로운 가시로 찔러
그 비명 소리로
스코틀랜드를 구했다네

엘리제 공주가 아픔 참아가며
백조 왕자들의 옷감을 짜던
전설의 쐐기풀꽃이라네

봄나물로 약으로
불평 없이 제 몸을 내어주는
아픔으로 피는
둥근 사랑꽃

자두나무 아래서

보랏빛 복숭아 닮은
자도紫桃 열매

자두나무 꽃은
달빛 사르르 스민 꽃

도리화桃李花
밤에 더 빛나는 꽃

친구야 도리 그늘에서는
갓끈도 매지 말고
신발 끈 묶지 마라
도리도리 고갯짓도 하지 마라

초대시 · 1

박이도

⟨수록 작품⟩

• 거울

거울

거울은 요지경
내가 들여다보는 거울 속엔
얼룩진 눈물자국뿐이다
아니 온통 개나리꽃이,
진달래꽃이 피어난다
아니 파도같이 함성으로
군상의 떼가 밀려온다
아―퍼덕이는 내 맥박을
지레 밟고 지나간다
한 송이 꽃송이가
나동그라져, 무참히
짓밟히고 있다
내가 흐느끼고 있다
내가 목 메이고 있다

초대시 · 1

서정윤

〈수록 작품〉

- 소묘

소묘

소나기가 지나가며
이산 저산 푸르름을 그린다
구름들의 손에 들린
푸른 붓자루.
잠들지 못한 산의 그림자를 지운다.
산은 산으로 살아
산이 생명으로 울어 자라는
아직도 산은
상처난 짐승들처럼
소리 지름으로 하늘 한 편에
서로 엉기어 있다.
산이, 산이
자신의 치유만으로 바쁘고
아직도 푸르름으로 자라지 못할 때
푸른 소나기가
이산저산 그리며 지나고 있다.

초대시 · 1

신달자

〈수록 작품〉

- 제주의 발가락을 보다

제주의 발가락을 보다

1월에도 제주에는 움트더라
1월에도 제주에는 꽃피더라
1월에도 제주에는 활짝 핀 꽃들이 파도 소리를 듣더라

이쯤은 제주의 발가락 하나 보는 것이라고
제주 사람이 말했지만

겨울 속의 샛노란 움이
한 늙은 여자의 등짝에 솟은 좁쌀 건기의 가려움같이
손 닿지 않는 아아 가려움같이

그냥 몸을 흔들어 나는 아아 마른 젖도 함께 흔들다가
이상타 바라보는 낮달과 눈 마주쳤네.

초대시 · 1

신세훈

〈수록 작품〉

- 슬픈 날이면 하늘을

신세훈

슬픈 날이면 하늘을

슬픈 날이면 조용한 우물을 내려다본다
햇빛으로 끓어오르는 큰용광로안에
그림자 하나 남양의
그림자 하나 떨어진다

우물속을 가만히 굽어보고 있는 나의 하늘눈
적도를 돌고 있는 인류의 자랑스런 눈
물밑으로 가라앉는 한 나뭇잎은
어느 불행한 위도 선상의 죽음
왜 노래도 없이 몇 줄 빈 줄만 남았는가

대지의 상상력으로 피어오르는
열 손가락끝을 피어오르는 가을밤 전장의 퉁소소리
서울물은 비극의 바다로 흘러넘쳐
여성의 지구의 아랫배의 언덕의 꿈을 쓸어준다
전쟁바닷가 피묻은 바윗돌들을

슬픈 날이면 조용히 하늘을 올려다보자
여전히 끓어넘치는 분노의 바닷물
넓고 큰 흙사발안에 옛날같이 고여돌며
만물의 보이지않는 사랑의 결정
눈물로 승화하여 땅을 적신다.

초대시 · 1

오세영

〈수록 작품〉

- 발아發芽

발아發芽

우리는 시작이라 하지만
아무도 모른다. 과거의 그 시점,
있는 것은 다만 현재,
내게 있어 그것은 시원의 또 다른
끝일뿐이다.

막막한 들판에 가 보아라.
당신은 원의
중심에 서 있거니

설령 미래에 어떤 종말이
온다 하더라도
이 아침,
막 눈 뜨는 지금 여기 이 자리에서
한순간 만나는 사물들의 눈부신
영원이여.
날갯짓이여.

초대시 · 1

유안진

⟨수록 작품⟩

- 들꽃 언덕에서

들꽃 언덕에서

들꽃 언덕에서 알았다
값비싼 화초는 사람이 키우고
값없는 들꽃은 하느님이 키우시는 것을

그래서 들꽃 향기는 하늘의 향기인 것을

그래서 하늘의 눈금과 땅의 눈금은
언제나 다르고 달라야 한다는 것도
들꽃 언덕에서 알았다.

초대시 · 1

이근배

⟨수록 작품⟩

- 문

이근배

문

내가 문을 잠그는 버릇은
문을 잠그며
빗장이 헐겁다고 생각하는 버릇은
한밤중 누가 문을 두드리고
문짝이 떨어져서
쏟아져 들어온 전지 불빛에
눈을 못 뜨던 버릇은
머리맡에 펼쳐진 공책에
검은 발자국이 찍히고
낯선 사람들이 돌아간 뒤
겨울 문풍지처럼 떨며
새우잠을 자던 버릇은
자다가도 문득문득 잠이 깨던 버릇은
내가 자라서도
죽을 때까지도 영영 버릴 수 없는
문을 못 믿는 이 버릇은

초대시 · 1

정계문

〈수록 작품〉

- 침묵의 벗
- 조문국 달이 뜬다
- 명함
- 별의 눈
- 장작
- 폐기 처분
- 노을과 혀
- 풍경이 걸어간다
- 시지프스의 밤
- 바다와 어머니

정계문

침묵의 벗 외 9편

담장 위의 풀 한 포기
바람에 눕는다

눕기 바쁘다
그냥 바람 이는 대로
왜라고
묻지 않는다

아무도 귀 기울이지 않는
바람 소리의 크기 혹은 무게

거짓된 진실 떨리는 고백
침묵이 듣는다

조문국* 달이 뜬다

경덕왕 숨소리가 거칠다

어두운 밤길 따라
조문국의 기억을 더듬는
둥근달이 뜬다

숨죽인 풀
침묵의 자물쇠를 여는 달빛
목청을 돋우는 무덤

여명의 칼날에
고요의 나라를 깨우는
한 마리 불새

새벽을 기다리는 금성산
정월 보름달을 이고 있다

---

* 조문국: 의성군 금성면에 존재하였던 삼한 시대 초기 부족국가

명함

책상 서랍 구석
묵은 이름이 수북하다

꺼내든 한 장
등 뒤에 눈물 감추고

지워진 시간의 흔적
쓰레기통 삐져나온 숫자

침묵하는 이름
사라진 음성

별의 눈

눈이 왔다

먼 산부터
앞마당 댓돌까지
말없이 왔다

각진 바위
아파트 창틀에도
하얀 말씀 내렸다

시작하라고
눈빛을 보라고

당신 눈 속에 별
늘 평등하다고

장작

들어 올린 도끼날에
가을 햇살 번득인다

툇마루 아래
손때 묻은 장작이 쌓인다

한 점 망설임 없이
희생한 아비 생각에

굳은살 박인 참나무
차가운 구들장 덥히는 불길

폐기 처분

친정집 책상 서랍 속
몽당연필

날 선 일기장에 끼여
부러진 심

더 이상 깎을 수 없는
유년 시절

아직도 버리지 못한
흑심 하나

노을과 혀

입은 통로다

쌓인 화는
일그러진 얼굴을 만든다

고달픈 하루
밀려왔다 밀려가는 구름

풀어내는 노을
목젖을 넘어가는 혀

풍경이 걸어간다

뜬구름에
풍경 하나 걸어놓고

바람 따라 흩어지는
둔한 통증

그 누가 흔드는가
흔들리는가

부딪치고 상처 난 목어
유영하는 지느러미

등운산 능선 따라
걸어가는 풍경

시지프스의 밤

철 지난 화진의 밤

수평선 바라보는
뜨거운 밤바다
얼마나 많은 생명을
잉태하였는가

하얗게 내려앉는 달빛
밀려왔다 사라지는
물거품 사랑

그대를 만나
영원히 곁에 있어 달라
속삭이는
시지프스의 밤

바다와 어머니

바위에 부딪혀
한 치 앞을 볼 수 없어
바다를 찾는다

너울 타고
파랗게 질리는 바람

금빛 백사장이 더위에 지칠 때
다독이는 파도

어머니가 간절한 날
7번 국도를 달린다

초대시 · 1

채자경

〈수록 작품〉

- 송화의 그늘
- 뿌리 박고
- 후벼 파고 들어가 빠졌어요
- 모서리 지우기
- 지상철 풍경
- 별 마당
- 어느 나무의자의 꿈
- 섬
- 새해의 기도
- 어찌 그날을 잊으리

채자경

송화의 그늘 외 9편

애태웠던 어젯밤
망상인들 무에 별거더냐

해묵은 소나무가
귓가에 내려앉는 고요를
둥둥 꽃가루로 떠나보내는 봄날이다

허공에 얼굴을 묻었다 해도
척박한 바위틈 뿌리 박고
모질게 살아온 나무는
가만히 눈을 감는다

침묵이 답이라고
나무는 나무다워야 한다고
사람은 사람다워야 한다는 거겠지

그렇다면 오랜 고민마저도
끈적한 상흔인 듯
하얗게 지워질 거야

뿌리 박고

발은 크로키 한다

버리려고 꺼내 놓은
낡은 구두 안쪽을 후벼 파고
잇고 지우고 세우고 넓혀본다

점묘하던 발자국 그늘에 들면
덧칠하며 긁어내다 남겨진
상형 문자 거뭇하다

먼 고향집 불빛 끌어당겨
기둥마다 깃발로 걸어두고
담청색 밑줄 움켜쥔 바닥
팬 끝으로 당겨 올린다

팽팽한 길을 두고도
울퉁불퉁한 길 밖을 거닐던
낱말은 제시간에 도착하지 못한
간이역 같아서 파헤친 말들 쌓아
꽃들은 뼈대를 세운다

새로 파종한 낱말 한웅큼 움켜쥔 나는
구두가 걸어온 길을 더듬어
초록 이랑을 넓혀간다

후벼 파고 들어가 빠졌어요

비, 십일월 도시에 내리는 비

응달 왕버드나무로 숨어든 별은
국수 가락이 애잔하다고
고픈 배를 채웁니다

열린 거리에는 갈색사건들
새 옷 바꿔 입는 몽상들
멀지 않아 선발 적으로 굴러다닐 겁니다

관능적 황홀은 점에서 묻어나고
회의로 점철된 아스팔트 위는
에로스의 빗물로 흐르다가
목마른 쇼윈도우 위로 오르기도 하겠지요

모든 은유의 조각에는
질식할 침묵이 숨겨져 있어
반죽처럼 눌러지는 가지
떠난 잎들로부터 이별지 통보를 받겠지요

흘러온 흔적들이 흘러가지 못하고

재고된 포장박스로 쌓일 때
국수집 왕버드나무 그림자
떠밀린 빗물에 등 츨렁입니다

모서리 지우기

그 나라에는
길 잃은 사람들 거대한
허구에 휩쓸려
영혼도 팔고 산다고 했다

암울한 소망 파헤치는
빗발치는 함성의 광장에서
희뿌연 연기를 내뱉지만
빈 깡통인 우리는 언제
무엇으로 채워질지

타들어 가는 모서리가
메아리로 돌아오는 거기
마른 가슴이 질러대던 구호
불굴의 상처가 되어 절뚝거린다

팔려나가지 못한 영혼들이 모여서
팔려나간 영혼들 부러워하지 않는다

절뚝거리는 모서리가
조금씩 허물어지고 있다

지상철 풍경

낯설지 않은 카톡의 부름이 있어
가방 들고 3시 방향으로 따라나선다

그리움도 외로움도 모두다
부질없는 허세라는 걸
3호선 열차가 강을 거슬러
오를 때 나는 알았다

오후의 나른한 눈길 비집고
색다른 눈길 주고 받으며
묶어 놓은 오늘을 차창에서 지운다

어디쯤 숨겨진 사랑을 찾아
사람들은 모두
싱싱한 파뿌리 쪽으로 밀려갔다

만지고 놀던 돌덩이를 품어 주려고
산그늘은 가만히 내려온다

강물을 떠밀고 있는
갈대숲에서 외가리는
곡예사가 되어도 좋겠다

별 마당

꿈속을 헤치고 나온 별
고요의 바다에서 나래친다

하늘이 먹구름에 가려도
간절한 사랑은 나
피안 길에서 얼마나 갈급해했던가

온 세상 희로애락을
별 저 혼자 껴안고
저마다 가슴으로 피워내는 꽃

꿈을 실현시키려 다가 토해낸 사연
진실과 허상마저도 세계의 발걸음은
역사의 뒤 안길에서 영원히 남기리라

진실에 등불 밝히는 별꽃들은
깊고 넓은 바다를 바라보듯
묵은 기도 끝낸 눈빛이다

온 벽에 쌓인 책들은
시공간을 초월한 별
우주를 향해 던지는 메시지다

어느 나무의자의 꿈

빛바라기하는 수염 흰 고양이에게
낡은 의자는 꿈의 침상이다

졸던 눈 깨어보니 등굽은 할머니
몸의 깃털을 뽑아 허공에 날리고 있다

흰모시나비 팔랑이는 몸짓에
색색의 옷 갈아입던 시절은 언제였던가

밝던 두 귀도 어둑해진 저녁
누군가 내다 버린 나무의자는
사람에 눌려 삐거덕거리던 틈새에서
무리 지어 춤추는 반딧불이를 꺼낸다

꿈을 꾸다가 꿈을 잊어버린 고양이
어둠 속으로 날아가는 수천의 날갯짓에
흐린 눈 비비며 걸터앉은 의자는
가벼울 대로 가벼워진
옛 주인의 품이라도 기억하는지
머물다 떠나는 것들에게
가벼운 손짓이다

여문 풀씨 하나가 막 강을 건너기 전
힐끗 뒤돌아보는 그곳에서
먹먹해 진채 앉아 있는 나무
의자는 강물의 침상이다

섬

아우성의 거리
여기가 섬이다

해가 등 기댄 벤치가 있어
여기가 청담동 도산공원이다

고엽 위에 누운 추억 하나
흔들어 깨워
그늘 넓이를 펼쳐 갈수록
싸늘해지는 서곡

푸른 눈 이글거리는 고양이 가
남은 해의 찰라를 놓치지 않으려 할 때
방심한 비들기를 본다

허공 치는 날갯소리 여운은
흘러가고 어떻게 단숨에 포획할지를
요리조리 궁리하는 배부른 음모자들

어떤 일도 없다는 듯
빌딩 속으로 사라진다

이리저리 섬을 긁어모으는 한 사람
수레를 끌고 검은 해 속으로 든다

새해의 기도

남쪽 강 건너온 바람을 찍어
동트는 하늘에 기도문을 쓴다

온 누리에 별빛 피어나리라

돌개바람은 밤낮 분간 없이
똘똘 뭉친 음모로
싸움을 부추길 때에도
풀들은 몸 일으켜 희망가를 부른다

평화를 잃은 회색 독설들이
자욱하게 몰려오는 새벽
사랑의 편지는 초록 칠판
가득하여라

물빛 하늘 고드름 타고 내려온
꽃바람 봄산에 부는 날
산천 잎들은 볼살을 살찌우리라

어찌 그날을 잊으리

그늘을 파먹을수록 구름은
증폭하는 갈증이다

포화에 땀 범벅된 잿빛 얼굴
나뭇가지로 위장한 소년병이
탈진한 내게 물을
주고 빨리 다리를 건너라고 손짓하며
덤불 속으로 사라졌다

다리는 폭파되고, 강물은 아수라장

해마다 이때쯤 검은 구름은
하늘이 무너지는 공포로 되살아나고
가시에 긁히던 달음박질
내 기억의 한편을 끌고 달린다

우리 가족을 구해준
어린 학도병 이야기를 하시던
어머니는 눈물을 흘렸습니다

초대시 · 1

최창일

〈수록 작품〉

- 풍경 속에서

풍경 속에서

눈을 감아선 안 되는 곳이며
마음을 감아서도 안 되리라

짝을 만나면 그 좋은 풍경에서
내가 가졌던 전부와
내가 버릴 전부를 내려놓고

씨앗 뿌리고 열매 기다려
꽃이 피는 마음으로
모시 식탁보에 마주 앉아

풍경 속의 이 순간 바라보리

초대시 · 1

허형만

⟨수록 작품⟩

- 비밀

비밀

지금 이 숲속에는 분명 비밀이 숨어 있다.
비밀스러운 냄새와 풍경은
내 영혼이 숲의 행렬에서 벗어나지 못하도록
속도와 체온의 파장을 감지하기라도 하는 것일까.
멀리서 망원경으로 나를 주시하며
나의 심장 박동 소리에 귀를 기울이고 있으리.
바람 불고 휘추리 몇 차례 흔들리더니
안개처럼 조용히 번지는 적막
아직 밝혀지지 않은 숲의 비밀이 적막 속에 있다.

초대시 · 2

고재덕　김 들　김관형　김분남　김석인
김춘자　김희경　류한상　박득희　박원규
송호민　신충훈　오정선　유소선　이덕순
이우암　이정숙　장동석　최남균　황화임

초대시 · 2

고재덕

〈수록 작품〉

- 마음을 압니다
- 의우총義牛塚
- 우공은 나의 스승
- 고까짓 깃털 하나
- 내 마음 나도 몰라
- 곤장 오십대
- 귀무덤
- 개구리의 감사
- 하필이면
- 일회용 애인

고재덕

마음을 압니다 외 9편

모내기판은 지옥축소판
머리 위에서는 땡볕이 내리쬐고
발밑에서는 복사열이 푹푹 찌는 날
퇴비 썩는 냄새가 코를 찌르고
거머리는 종아리를 사정없이 물어댄다
호흡은 고산 넘듯이 헐떡거리고
금방 새참 먹었는데 또 배가 고픈데
서쪽 하늘에서 비 내린다고
번개불이 신호를 보내니
갑자기 소나기 쏟아져
하느님은 농부의 마음을 안다
나는 아침마다 삼촌과 함께
한겨울 장갑도 없이
두 손 호호 불어가며 넓은 마당을 쓸었다
외양간에서 쇠죽을 쑤는
할머니가 부엌으로 오라고 손짓
뚝배기에 홍어를 보글보글 끓여 놓고
나만 먹여주니 삼촌에게 미안했다
나는 할머니 마음을 안다

의우총義牛塚

상주에서 마라톤 질주
의우총義牛塚 옆을 지나칠 때
소를 사육시킨 김보배 할머니
사망해서 장례를 치른지 일년 후
오양칸의 소가 사라져서
주인은 파출소에 가출 신고를 했다

소가 할머니의 산소에
가본 적이 없는데도
오양칸에서 3킬로 떨어진 할머니 산소에서
할머니의 임종을 회상하며
소가 눈물을 흘리고 있었다

상주시장은 소의 효성에 감동하여
의우총이란 소 무덤을 만들고,
효자비를 세워줬다
소가 주인의 임종을 지켜줬으니
나보다 효자다
우공은 나의 스승이라며…

우공은 나의 스승

어머니는 병 치례가 잦아
만년에 병원 신세를 많이졌다
여동생은 일찍이 미국에 이민 갔고
나와 남동생이 어머니의 간병을 맡았다
남동생이 어머니께 안부 물으면
괜찮다며 안심케 했지만
장남인 나에게는 끙끙 소리 내며
삭신이 아프다고 하소연 하셨다
남동생이 당번하면 피곤하니 집에 가라 떠밀지만
장남이 당번하면 한발자국도 못 가게 붙잡았다
나는 일주일간 잠 못 잤더니
어지럽고 방향감각 마저 없었다
탈진으로 쓰러질 것 같아
간병인에게 어머니를 부탁하고
집에 와서 잠깐 눈을 붙였는데
무엇인가 깨지는 소리에 놀라 잠을 깼다
냉장고 위에 놓인 양주병이
바닥에 떨어져 왕창 깨졌다
어머니가 천국에 가시면서
양주병으로 두둘겨 팬 것이다
'나는 천국에 가는데 너는 잠이 오느냐?'

그 순간 전화벨이 울렸다.
어머니께서 운명하셨단다
새우처럼 굳은 어머니의 찬 시신을 안고
땅을 치며 한없이 울었다
장남인데 어머니의 임종을 지키지 못한
불효자로 평생 죄인이 되고 말았다

고까짓 깃털 하나

종달새는 고양이가 수레를 끌고 가는 것을 보았다.
그 수레의 안내판에는
"신선하고 맛있는 벌레 팝니다"

종달새는 입맛이 당겨 고양이에게 물었다.
"벌레 한 마리에 얼마예요?"
"종달새 깃털 하나 주면, 벌레 세 마리를 주겠다"

"고까짓 깃털 하나쯤 뽑아줘도 날아가는 데는 지장이 없겠지"
깃털 하나 뽑아주고 벌레 세마리 받았다
깃털 몇 개로 맛있는 벌레를 먹을 수 있는 게 너무나 편하고 좋았다

수십 차례 반복했더니 하늘을 나는 게 힘들어졌다
잠시 풀밭에 앉아 쉬고 있는 종달새를
그 고양이가 갑자기 덮쳤다

내 마음 나도 몰라

나는 소위로 임관하여
장교복 입고 그녀를 찾아가
진달래 만발한 꽃밭을 함께 거닐었다
서로 어색하게 걷고 있을 때였다
벌이 그녀의 목덜미에 총을 쐈다
그녀는 통증을 눈물로 호소할 때
내 마음이 마구 흔들렸다

결국 어머니의 반대로
무조건 그녀와 헤어졌지만
진달래꽃이 필 때마다
벌에 쏘여 고통받던 그녀 생각에
편지를 띄워볼까?
내 마음 나도 몰라

곤장 오십대

구두쇠 태균이가
아랫 집 땅을 침범하여 담을 쌓았다
아랫집 주인은 화가 나서 관가에 고소했다
태균이는 동헌에 끌려갔다

"네 죄를 네가 알겠느냐?"
사또가 호통을 치며
"벌로 통마늘 오십 개를 먹겠느냐?
곤장 오십 대를 맞겠느냐?
오십 량을 내겠느냐?"

태균이는 구두쇠답게
통마늘을 먹겠다고 대답했다
징이 울리자
그는 껍질을 허겁지겁 벗긴 후
사약 같은 마늘을 통 채로
입 안에 넣고 우적우적 씹었다
열 통째 먹더니 오장육부에 불이 나고
입 안이 얼얼했다
그의 아내도 얼굴이 일그러졌다
"마늘은 도저히 먹을 수 없으니 곤장을 맞겠습니다"

웃옷을 벗기고 널판에 큰대자로 엎어놓고
형리가 곤장으로 사정없이 후려치니 하늘이 노랗다
맞을 때마다 횟수를 복창하게 했다
겨우 열대를 맞았는데 엉덩이가 피범벅이 되었다
아내도 몸을 오돌오돌 떨었다
"곤장은 도저히 안 되겠으니 벌금 내겠습니다"
아내는 울먹이며 시큰둥했다
진즉 벌금을 낼 것이지
마늘로 속 타고
곤장으로 엉덩이 터진 후 벌금 내는
태균이는 왜 슬프게 화禍를 당했을까?

귀무덤

도요토미 히데요시는
칼로 일본 천하를 통일한 후
우리나라 선조에게
'명나라를 치겠으니 조선에 길을 비켜달라'
임진왜란, 정유재란 일으켜 조선을 쑥대밭 만들었다
27만 명이나 학살하고도
전리품으로 조선인의 머리를 많이 베어오라
머리는 무거우므로 귀를 베어오라
귀는 둘이므로 사람 숫자 세기 어려우니 코를 베어오라
인간을 두고 반찬 투정하듯 명했다
안되면 생사람의 귀라도 가저 오라
모내기하는 농부나 갓난 어린애까지 코를 베어갈 때
어린애의 애끓는 울음소리는
조선인의 한을 호소하는 절규
도요쿠니 신사 근처에 귀 무덤 만들었다
유지비 부족으로 귀를 천덕꾸러기로 취급했으니
가슴이 아리고 자존심 상했다
귀 무덤을 문화재로 받든다니
울어야 할지 웃어야 할지
백제 때 왕인박사와 아직기 박사가
논어, 천자문 전해주었고

조선 때 통신사로 외교, 학술, 기술, 예술 등 전해줬으니 우리가 스승이다
스승의 후손들을 무참히 학살 하고 명성황후를 비참하게 시해했으니
논어를 배웠으면서 금수 짓했으니 반드시 천벌을 받으리라
삼중스님이 귀무덤의 흙과 영혼을 항아리에 담아
사천시의 군총에 합장했다
귀와 코가 몸체서 떨어져
구천에서 420년 동안 헤매다가
몸체와 만나게 되었다
후손으로서 부끄러워 고개 숙여진다

개구리의 감사

개구리 두 마리가
우유 독 속에 빠졌다
우유는 풍족했지만
독 입구가 너무 높아
독 안에 갇힌 개구리
성질 급한 개구리는 불평만 하다가
박치기로 자기 목숨 재촉했다

긍정적인 개구리는
날마다 느릿느릿 헤엄치며
때를 기다리고 있을 때였다
갑자기 돌멩이가 밟혀 탈출에 성공했다
개구리의 정성이 갸륵하여
신은 우유를 버터로 디딤돌 만들어주었다
감사함이 불평보다 행복한…

하필이면

1
영철이는 항공편으로 방콕에 신혼여행 갔다
신혼부부는 시종일관 여행이 즐거웠다
하필이면 제주항공을 탔기에
신혼부부는 함께 사망했다

2
철수는 귀촌 목장주로 대출받아
젖소 열 마리를 샀다
우유 매출도 올라 전망도 밝아 신났다
하필이면 산불화재로 소들이 모두 폐사했다

3
섣달그믐 날 주부들이
주방에서 요리하느라 바쁘다
설날 준비로 즐거웠고
이야기 꽃으로 모두 시끌벅적
하필이면 요리용 까스가 떨어졌다

일회용 애인

한정수는 경기고등학교,
서울대 졸업 후 행정고시 합격한 수재
보건복지부의 최연소 국장이다
가족으로는 아내와 두 딸이다
술, 담배, 잡기를 모르는 그는
가정과 직장만 오가는 샌님 가장인데
한달 전부터 그는 술만 퍼마시고
벙어리가 된 채 침실로 곧장 직행했다
아내는 궁금하고 불안하여 며칠을 지켜보다
남편 친구인 의사 남 박사를 찾았다
췌장암 말기로 육 개월만 살 수 있는 시한부 환자란다
아내는 이 사실을 알고 남편을 정성껏 돌보면서
애들에게는 이 사실을 숨겼다
남편 몰래 직장에 찾아가서
단골로 다니는 요정 마담 금실을 알아냈다
금실에게 백만원을 주면서
최선의 서비스를 해달라고 부탁했다
금실이는 너무나 간절한 부탁을 받아드렸다
한정수는 호스피스 병동에 입원하여
죽음만 기다리고 있었다
고통이 심해 안락사를 요청했지만

머지않아 자연사하므로 거절당했다
단독병실에서 아내의 손을 붙잡고
고별 대화를 나누고
아내가 준 수의를 받았을 때
창밖에는 소낙비가 내리고,
천둥 번개가 사자처럼 으르릉 쿵쾅 소리냈다
관 앞에 엎드린 한정수는
인생이 흑사리 껍데기 같았다
"그동안 당신과 살면서 즐거웠소, 지원이와 희원이를 맡기고 갑니다."
아내는 말없이 눈물만 흘리다가 조용히 말문을 열었다.
"당신 최근 신나는 사건 없었소?"
남편은 가슴이 뜨끔했다
"마지막인데 다 털어놓아도 좋습니다."
"한건 있었지만 당신을 사랑하므로 말할 수 없어요"
"박영신 씨만 사랑합니다"
아내를 껴안은 채 진심을 말하고 숨을 거두웠다
장례식날 조문객들이 많이 왔지만
일회용 애인은 눈에 띄지 않았다

탐색 소설 : 《아버지》를 쓴 작가는 김정현 경찰출신, 그의 아버지는 췌장암으로 사망, 《아버지》 소설집을 300만부 판매

초대시 · 2

김 들

⟨수록 작품⟩

- 웅덩이
- 5월은 오케스트라다
- 덩달아 넋두리
- 담벼락
- 그림자 거울
- 거북바위 너머저
- 인증
- 동거 중입니다
- 앵두나무 전언
- 진짜 맛

웅덩이 외 9편

해파랑길을 달리다가 꺾어 든 자리
내가 찾아와 앉아주길 기다린
감포의 카페 통창 앞자리는
골이 잔뜩 난 물너울도
슬그머니 끼워 감출 수 있을까
초점 잃은 눈빛이 나선 집 밖은
나를 덜어내어 더 보태 줄 수 없는
젖은, 엄지손가락 크기
울음에도 웅덩이가 생기는 걸까
통창 너머에서 우는 새 한 마리는
슬픔 한 자락도 기어이 들이밀지 못한다
들어온 물은 나가지 못하고
더 빨리 뜨거워지다 증발하는 웅덩이
저 새의 울대를 내가 닮아있나!
파도 너머의 나를 헤아리는 발톱에
등이 파여도, 온기는 남겨두기로 한
히든氏 카페. 방갈로 오션뷰

성도 이름도 모르는 저녁이
넘실넘실 나를 넘어가고 있다

5월은 오케스트라다

헤드라이트 켜고 달리던
비발디 사계 1악장에서 산발적 피던 꽃들
봄의 선율이 되어 산길을 흘러내린다

휘파람새가 높은음자리로 지나가고
구애의 몸짓 개구리는 1악장을 흔들어 놓는다

꽃바람 살랑살랑 타고 산길을 돌아들면
별빛 주르르 흐를 사랑
아니, 이쯤에선 베토벤 월광 소나타인가

울음이 구슬픈 저 소쩍새, 마누라 달아났나!
남편이 사나흘쯤 집을 비운 걸까?
눈이 먼 아우성들이 산물처럼 엉킨다

여기저기 삼거리 전봇대엔
덩그러니 내려앉은 달빛들이며
집 나간 꽃을 찾는다는 전단지들

사는 일, 그리워하는 일, 떠나는 일
헤드라이트 불빛 멀리 옆어지고 있다

허우적거리는 나를 문 걸어, 가두면
모르는 척 나이만 먹은 나는
어느새 4악장이나 들썩이는
슈베르트가 잠을 부르는 선율이다

덩달아 넋두리

두고 간 마음을 들고
웃음꽃을 찾아 나서는데
4월의 향기는
순간 몸 안을 훑고 지나간다

벚꽃의 수줍은 잠시, 미소는 어지러웠고
쿵쿵 다가오는 발자국 철쭉은
배시시 웃는다

팔다리 들썩이느라 이팝나무는
안무의 반경을 넓혀가고
따라오라 손짓하는 바람에게
훌훌 벗는 옷자락

화사한 햇살 아래 방긋이 움트는
싱그러움 앞에서, 싱그러울 줄 아는 이여!
다가와 꿈틀거릴 아쉬움은
멀찌감치 두는 게 아님을

이젠 사랑을 말할 때
오래전 떠나갔던 넌

꽃들의 합창이 끝나기 전 돌아와야 하리

한 가슴속이 아주 식기 전에
활활 피어올라
머물다 가시라

담벼락

앞 뒷집 사이, 가로막고선 돌담은
밀고 당기다가 생겨난 구슬땀

그 땀 더 많이 흘러내린 쪽에
젖은 이끼가 수북이 자라있다

넘보지 말아야 할 것 넘볼 때마다
헛기침에 흔들리던 수염

한 짐 한 짐 멋진 놈들만 골라
바지게로 져다 나르신 돌들이
어느날 차곡차곡 경계를 이루었다

숨바꼭질하는 아이들의 웃음소리와
기름 냄새 감출 수 없는 별미도 넘나들어서
더욱 정겹던 돌담

경주 옥룡암 탑골길 36번지
당신의 몸 새참이던 담배 연기조차
지금은 어느 생쥐가 갉아드셨나!

세월에 저절로 무너진 돌무더기 언저리
무심코 다가서다가 보면
쿨럭이는 기침 소리 들린다

그림자 거울

거울을 보고 있다
지워진 내 몸이 떠미는 힘은
미리 꾸며진 방 어디까지 밀려들어 가서
표정에 서툴러진 내가
테두리 속에 자릴 잡을까
공연장 매표소 앞 사람들 표정처럼
지하철을 기다리며 앉아있는 얼굴
길을 가다가도 말을 걸어보고픈 그런 몸짓이군!
그렇지, 거울 속에선 너와 난
뒤쪽으로 몰려가고 있다
까칠한 말이며 미소를 감추고 서도
표정의 속은 표면에 읽힌 채
두드리면 좋아질까, 벽을 마주한다
꿈틀거리는 모서리에 이름을 붙이면
어제 만난 몇몇은 서걱거리고
거울엔 거울이 억눌려 있어
사라질 밤하늘이 잡히질 않는다
너는 나와 닮아서
올려다보는 걸 망설이게 될 때
대추보다 잘 익어가는 표정이
오래 같이 살고 있는
거울이 거울을 보고 있다

거북바위 너마저

산길 초입 칼국수집에 봄바람이 줄을 서길래
나도 들어가 봤더니, 오랜 시간 공을 들여 우려낸 바람인지
끓는 가마솥 안으로 텀벙 들어오라 한다

기운이 예사롭지 않은 돌거북 엉덩이가 들썩거린다

어미 같은 바위 등에 업혀있는 새끼 거북은
쪼글짜글 늙어가는 나에게 짜르르 눈 내리까는 인사다

한세월 가슴 한 켠 우려냈을 텐데
이 바람 우리고 또 우려도 마르지 않는
눈물 같은 그 무엇, 남았던가

거북 닮은 어미 바위에 저절로 고개를 숙이는
밀밭을 다녀온 바람의 말들이 다 보인다

그냥저냥 그리 살면 된다는 바위에 등을 기대보는데

거북바위는 달아날 꿈을 꾸던 내 바짓가랑이를
덥석! 물고 놓아주지 않는다

인증

눈꽃이
머리 위로 찾아와
어릴 적 나를
소환해 본다

나는 그 아이를
이제 되돌려주기로 한다

눈사람의
언 손을 녹여 주면서
나도 눈사람 인적 있었지

그래서일까?
눈썹 짙은 옆집 애를 닮은
눈사람은
그냥 찾아오지
않았나 봐!

가슴이 멈춰버린
사람들이
나를 꼭 껴안고
샷을 누른다

동거 중입니다

어항의 구피와 각종 화초도 알람 파장을 가졌다

늘 똑같은 아침 시간에 그들의 알람은
내 몸을, 구피가 숨 쉬는 창가로 불러낸다

밤새 갇혀 답답했을 내 새끼들은 요즘 보기 드문 가족 구성원
상쾌한 공기로 너희를 깨우는 내 손끝은
별 탈 없이 잘 잤니? 인사를 건넨다

대 가족이 한 집에서 동거 중
청진기 없이도 너희들 심장 소리 듣는다

오늘도 굿! 아프지 말고 오래오래 보자

눈꺼풀에 매달린 잠을 흔들어대는 구피에게
새벽 신선한 바람 같은 젊음의 묘약을
조금만 나눠 달라고, 나 애원도 해보는 것이다

우린 아직은 지켜야 할 가족들이 많으니

앵두나무 전언

넌, 삼키고 뱉은 쓴맛 단만 삼킨 끝에
툭! 뱉어 논 별 볼 일 없는 씨인 거니?

돌덩이 틈새로 발 밀어 넣느라
살이 트는 나무 한 그루
눈곱 주렁주렁 매달고 겨울잠을 깨는 걸까?

이리 늦은 봄날에 새끼 밴 암퇘지 젖꼭지야

물방울의 노래는 잠에서 깬 꽃망울 터트려
어제의 별들을 불러들여
오늘의 별자리에 앉혀주는가?

빨갛게 안아줄게, 암퇘지야 가슴을 열어봐!

이왕 뻗은 가지는 꽃을 피우리란 걸
향기를 날려 사랑을 불러들여야 한다는 걸
너도 알고 나도 아는 일이잖아

가슴을 열어봐, 빨갛게 부어오른 암퇘지야

진짜 맛

풋! 풋! 전화기 너머 터져 나오는 웃음
막둥이 뭔가 할 말이 있나, 보다

추워지니까, 엄마표 뽀얀 곰국 생각난다며
초록색 그 김치 아 뭐지! 뭐였더라?

그거랑 너무 먹고 싶어, 갓김치 말하는 거니? 응 맞다, 맞아. 그거야
밖에서 몇 번 사 먹었는데, 엄마 곰국 맛이 아니고
가짜 맛이란다

그 곰국 갓김치 곁들여 먹고 싶다는 말 한마디에
말 끝나기도 전 손가락 움직여, 곰국 세트를 장바구니에 클릭
곧이어 전라도 갓김치도 주문한다

왜 엄마 끓여 주는 맛이 안 나는지 묻는데, 딱히 웃을 뿐
오로지 내 자식 생각하며 끓여내는 곰솥 안 국물은
한 움큼의 사랑이 양념인 걸
아이들은 아직 잘 모른다

추위에 지친 몸 이끌고 집으로 돌아올 발걸음들
곰국 한 그릇 뜨겁게 데워 밥 말아 먹일 생각에

며칠 밤, 잠 못 자는 일쯤이야!

한 번 더 뭉근하게 웃는다, 그게 뭐 대수라구!

초대시 · 2

김관형

〈수록 작품〉

- 영혼의 그림
- 빈 몸으로 사는 공기
- 날빛이는 언어
- 찾고 있는 길
- 빛난 문화
- 인생 마루의 울림
- 용한 문학의 시간
- 잡초인생
- 문학의 빛
- 마음의 박물관

영혼의 그림 외 9편

숨결이 해살 이는 심오한 생명은
몸을 옹차게 피땀을 적시지 않아도
보람 깃든 영혼이 마음으로 삶을 짓는다

인생은 고달픈 멍에를 지지 않아도
영혼 스스로 휘황한 맵시를 나타내주며
사슬을 움직여 숨줄을 이어 간다

허공 품 안의 공간에는 사물로 엮어져
자연의 순리대로 용한 연기를 하여
묘한 요지경 속의 그림 무늬가 다채롭다

빈 몸으로 사는 공기

공기는 모양도 없이 빈 몸으로 산다
어느 곳 어느 날도 쉼 없이 진정으로 활동 한다
인생의 숨이 되어 고상한 삶을 이어 지켜주고
만물의 숨결을 살리는 옹골진 은혜를 베푼다
진실한 쓰임새로 세상이 모르게 겸손히 살아가며
생물이 살아가게 언제나 숨길을 용케 드나든다

인류문화를 낳게 하고 진화를 반드시 일으킨다
쓸모 있는 곳은 언제 어디나 방문해 주기를 바라지만
필요 없는 어둔 방에는 배려가 없어 생물도 없다
호화찬란한 삶이나 화려한 전당도 공기 조화이고
공기 요술의 소신으로 살아가고 생기를 갖는다
온 누리의 생명을 지키는 우리의 으뜸 천사다.

날빛이는 언어

갸륵한 여러 민족이 고유한 말을 쓴다
고상하게 맑은 음정이 각기 다르며
훌륭한 소리나 뜻을 가지고 있다
세종대왕이 베푼 언어의 한글이야말로
신기하고 영롱한 발음과 기찬 뜻이 있다
언어는 꿈을 짓는 보람의 이룸에 필요한 매체로
우리글은 날빛 이는 언어로서 세계인이 우러른다

언어는 눈부신 빛난 문화를 이루는 데 필요한 요체로
인생이 정상에 오르고 신념을 가꾸어 성공을 이룬다
한 서린 이웃 가족 시린 가슴에 언어의 소통으로
어둠을 떠밀고 햇 날빛으로 놀랍게 살도록 한다
한글은 세계에서 세련된 으뜸가는 장한 글이다
의사소통이 능란해서 매우 유리하고 밀접하여
친근한 접촉이 용한 문자로서 매우 우수하다
우리말은 온 누리가 인정하는 날빛 이는 언어다

찾고 있는 길

숨결이 살아가는 길이 다양하고
사람과 동물 초목이 각기 다르다
인생이 찬란한 문명을 짓는 두뇌의 지혜 열어
새 문명 황금빛 기찬 발전을 위하여
새 슬기 용한 재능 알음 줄기 초리로 미로를 푼다
혈육과 친구는 어둠을 헤매어도 도리를 다하여
햇 날을 맞아 새 둥지를 틀 수 있는 길을 협조해야
기대를 이룰 수 있어 그 길이 기차게 찾는 곳이다

바로 믿음 꽃 피는 으뜸으로 가는 긴요한 길이며
비바람과 눈보라 쳐도 헌신을 버리고 새 신 신듯
마음이 쇠잔해져도 새로 찾아야 하는 길이다
새 세상에서 보람 찾는 영혼이 앞장서
당찬 재주의 상큼 웃는 꿈 마루에 오르며
몇 구비 넘어 보람 이는 희망 꽃 피우고 가란다
인생이 늙을수록 해롭게 하는 일은 눕히고
인자하게 지내며 유쾌하고 즐겁게 살란다

빛난 문화

인생은 고상하고 야릇한 문화로 삶을 이룬다
마음의 문화에는 옹찬 슬기가 깃들어야 하고
지혜 높은 혼이 문화를 짚여 새 세상을 이룬다
늘 용한 금빛 줄기 재주로 기찬 새날을 꾸미며
온 누리에 세련된 문화를 짓는 역할을 한다
어둡고 낮은 곳 시련 삭혀 고운 문화를 이루며
당찬 꿈 익힌 장한 마음으로 성공의 날빛 이룬다

우리 혼의 지능 묘수로 훌륭한 새 문화를 짓고
신비로운 조화로 야무진 빛난 문화를 이룬다
갸륵한 으뜸 문화에 예찬 깃들어 융성하게 하며
눈부신 앞선 예술로 새 문화 일으켜 울림 연다
희붐 트면 찬란한 태양 빛으로 앞선 문화 짓고
뛰어난 지능 해맑은 정서로 밝은 문화 이루며
앞선 문화 그림으로 역사의 빛난 문화 여문다

인생 마루의 울림

폭넓은 예술 드높은 산마루 언어의 울림이다
시절이 바뀌어 일상의 기상이 날로 변하면서
폭풍으로 신통한 언어의 기가 쇠잔한 형세다
슬기로운 지능과 옹찬 마음의 재치로 다스려
상처 마루 회복시켜 기찬 소리 싱그런 언어로
텅 빈 마음 활기찬 언어로 살갑게 새로움 짓고
시름 젖은 언어 꼴이 상쾌한 느낌의 향기 인다
마음 포근한 인류문화 얌전한 새로운 언어로
깔끔한 빛 고운 새 세상 신나는 문 열어
기대 찬 산마루에 울림소리 드높으니
해로운 마음의 행패
헛길의 넘치는 욕망
파도치는 거친 행세
어긋난 슬기의 서슬
모질게 날뛰는 기략
허튼짓 허물 벗어라
어느 사이 석양이 다가와서 눕게 되거니
인생 마루 새 울림이 황금빛 희망으로 번쩍인다.

용한 문학의 시간

시간은 매일 흘러가는 세월이 아니고
소멸하는 현상으로 계속 새롭게 일고 없어진다
인생 연기는 짓궂은 북새 속에 시름으로 젖어도
시현 하여야 하며 오달진 그림이 사실대로
역사 속에 새겨들어 새로움에 적응할 수 있고
언제나 고뇌의 고독을 바꿀 수 있다

새 정서를 감내해 드높은 바램을 수용할 수 있어
문학은 자연 이치로 인생의 보루이고 보배이다
유별나게 앞서가는 발전이 으뜸이기에
당찬 재주와 열정으로 문학의 멍에를 지고 간다
문학은 감정의 끈을 엮어 변화를 흡수하고
태양의 옹찬 빛으로 눈부신 보람 빛을 갖는다

흥겨운 삶이 이루어지는 기대가 성립되면
해맑은 깔끔한 빛 고운 세상 용한 문학시간이다
그윽한 정서가 세상 빛을 보게 용물을 갖으란다
시간은 서정문학을 탐구하는 생성이 있따라
찬란한 문명을 지펴 날빛 이는 발전을 하도록
기회를 주는 묘수의 아름다운 행위가 된다.

잡초인생

인생이 만물 중에 으뜸이라고 우쭐댄다
발에 밟힌 잡초를 보면 옆 길바닥에 나서
숨결에 밟혀 휘질러져도 바람에 펄럭인다
잡초는 태풍으로 물에 잠기고 칼바람이 휩쓸어도
뿌리가 깊어 그때 지나면 여전히 굳세게 산다

잡초인생은 누가 해롭게 하고 모질게 대해도
삶이 강하여 의젓하게 자유로운 길로 간다
세상의 작용은 머리의 재주니 필요하면 오라
마음까지 도와 주마 나는 잡초니 굳건하다
잡초지만 기여 하는 행위를 할 수 있을 때도 있다

잡초도 무성하면 축구장에서 쓸모가 있으며
볼품없어 밟고 가지만 활기차게 씩씩하다
잡초인생은 헐벗어도 흉이 없고 시샘도 없어
누가 뭐래도 흔들림 없이 할 일 다하며 용케
한 누리 문화의 한 축에서 자유롭고 편안히 산다

자기 마음대로 산다
굳건히 세상을 지킨다
누구도 탐내지 않는다

뿌리 깊은 장점이 있다
못된 행위에도 굳건하다.

문학의 빛

현대 문학은 시가 으뜸이며
서정시로 구성되어 있다

자신의 서정인 감정
정서로 느낌이 가는 생각이며

마음의 형상이요
황금빛의 아름다운 예술이다

빛이 퍼져오는 아침
문학의 하얀 햇빛이 인다

시의 생긋한 착상이
기찬 용한 시를 읊게 한다

우리들 마음은 샛별
어둠 헤치고 문학의 빛을 품는다

벼랑 깊고 긴 강을 건너는
앞이 보이지 않는 공간도 있다

눈물 젖은 빵 조각을 먹고
쓰린 고난 눈보라도 참아야 한다

문학이란 삶의 등불이 있기에
날빛 이는 문학에 웃음이 있다

마음의 박물관

인생 마음은 오색찬란한 형상 꼴을 담고 있어
무엇이던 찾을 수 있는 마음 박물관이 있을 수 있다

박물관은 황홀한 빛갈이 각기 다른 물질이지만
자유와 평화가 깃든 정서 깊은 문학이 으뜸이다

시 착상이야말로 앞선 예술이요 삶의 원천이고
기쁠땐 웃음꽃을 피우고 슬프면 눈물 강을 걷는다

기특한 마음 한 조각을 하늘 모서리 한곳에 두어
시절과 인성에 따라 다른 예술도 갖게 한다

내 마음은 곤한 인생에게 웃음을 주는 특수하게
필요한 목적 물질을 충분히 지녀 실제 베풀란다

내 박물관은 황금 보석 주머니가 있어 필요할 때는
꺼내어 적용하며 하고 푼 실체에 맞추어 활용한다

내 마음 박물관에 간직한 시 착상은 시간 속에서
신통하게 묘미 있는 옹찬 기발한 시가 나온다

그대의 마음에도 박물관을 멋지게 차려 놓고
뭇 사람이 호감 가는 물질을 알선하면 좋겠다

내 박물관은 반짝 빤짝 빛나는 창조의 시 착상을
읽고 보며 즐길 수 있는 편안한 전당이다.

초대시·2

김본남

〈수록 작품〉

- 대한민국 행운할매
- 하늘은 공짜
- 속바람
- 내 나이 번쩍
- 백 살보다 적으니
- 춤을 추리라
- 말 한마디
- 능소화 피는 사연
- 정정(亭亭)
- 사랑꽃피네

김분남

대한민국 행운할매 외 9편

우물 속 개구리로 살았네
한 평 집 없이 바쁘게 살았네

자식 한 번 보듬지 못하고
인정받는 엄마 되었네

아들딸 차별하던 엄마
남이 볼까 부끄럽고 서러워도
눈물 삼켰네

눈물로 꽃 피우며 열심히 살았다
어쩌다 사랑할매 되었네

민들레 할미꽃 행운할매 되었네
대한민국 행운할매 되었네

하늘은 공짜

남은 인생
한 많은 인생살이
밤 새워 말하시더

높고 넓은 하늘
차별 없는 하늘
말하시더

당당한 마음
인정해 준 하늘
보듬고 안는 것은
모두 다 공짜

속바람

귀와 눈이 있으면
무엇 하리오

세상사 어두워 보이지 않고
스승은 너무 많아

멍하니 잊은 것은
행운일까 불행일까

무심히 알고 보니
맘속에 서늘한 바람 분다

이 몸이 우물이라
속바람만 불어댄다

내 나이 번쩍

혼자는 못 살아
짝이 되어 살았네

아침 햇살이
대문 열고 와
창문 너머로 몰래
내 나이 훔쳐 가네요

고발도 못하고
그저
고맙다 말할게요

자식도 부모도
세월은 못 주는데

백 살보다 적으니

둥실둥실 뜬구름
그림 일기장에 그리고

좋은 날 기쁜 날
두 번 다시 오지 않는다

낮이 밤이 되고
밤은 낮이 되니
내 나이 칠팔 세

마음은 얼씨구나
입가엔 함박웃음

춤을 추리라

눈물이 난다
컵에 담아 간직한다

몰래 가슴조이며
날마다 대문을 본다

세상구경 다하면 만날까
아직 가슴에 담고 계실까

잎이 지면 장단 맞춰
노래하고 춤을 추리라

하늘에서
그대와 함께 춤을 추리라

말 한마디

소낙비 보내는 것은
바람이더라
뜬구름 모으는 것도
바람이더라

형편 따라 나이 따라
벗이 도면
인생 백 점

밥 먹는 숟가락은
행운이고 감사다
말 한마디 한 마디
모두가 공짜인 것을

능소화 피는 사연

시어머니 떠난 지 오십 년
담벼락에 능소화
심고 가셨다

고추 당초 맵고 매운
시집살이 잊지 못한다

잎사귀 잘라내며
피자마자 해코지한다

세월 가도 못 잊어
예쁜 꽃이 무슨 죄냐

봄부터 여름까지
어이할까 이내 마음

정정情情

어제도 오늘도 인생 소풍

너랑 나랑
모두가

장점 단점
자존심 명예가 무엇이냐

이웃 네 대한민국 큰 동네
세계가 한 가족인 것을

똥파리 날파리 모두가
하루살이 인생길

사랑꽃 피네

아지랑이 사랑으로
눈 깜박 발밑 이슬꽃은
햇님 사랑

스승의 사랑은
높고 넓다

모두가 스승
인정받은 인생길에
사랑꽃 피운다

초대시 · 2

김석인

〈수록 작품〉

- 그대는 보안등
- 통곡하는 미루나무
- 행복한 인생
- 회상
- 누구를 믿어
- 남은 인생은
- 마지막에 죽는 주인공
- 이산가족의 마지막 소원
- 안산鞍山의 연정
- 이별보다 더 슬픈 그리움

김석인

그대는 보안등 외 9편

길모퉁이에 외등 하나
늘 그 모양이네

흙먼지 다 뒤집어쓰고
허름하게 매달려 있네

보기엔 흉물이지만
온갖 것 다 지켜보며

날마다 혼자서
혼탁한 세상을 밝혀주네

누가 뭐라 해도
내 할 일만 하면 된다며

통곡하는 미루나무

서대문 독립공원
붉은 담장 옆 미루나무 한 그루
지금도 통곡하네

먼저 가신 애국선열들
눈물의 하소연
세월의 나이테에 채우고 있네

마지막 남긴 절규
나무는 기억하네
대한독립 만세 대한독립 만세

이 땅의 젊은이들이여
삼천리금수강산 분단 조국
통일 이루세 반드시

행복한 인생

천년 근심을 품고 살아도
함께 할 그대가 있다면
이 세상 어디라도
그대를 따라 가리

억만금을 잃어도 괜찮아
내 곁에 그대만 있다면
이게 바로 사랑이니까
이게 바로 행복이니까

사랑하는 그대여!
가는 세월 잡을 수도
머물게도 할 수 없으니
하루하루가 매우 중요해
내일의 우리의 오늘은
어제의 오늘이 아니니까
어제의 오늘이 아니니까

오늘은 나에게 특별한 날
값지고 멋지게 보내야지
그대와 살맛 나는 이 세상을

이게 바로 사랑이니까
이게 바로 행복이니까

회상

꿈 많던 지난 세월 조국에 충성하고
수줍던 젊은 시절 첫사랑 불태웠지

최전방 자유 수호 가끔은 병원 신세
지금껏 살아오며 남은 게 이뿐인가

자식들 결혼하니 노부부 외로워져
오늘도 기다린다 손주들 재롱모습

한세월 흘러가니 백발에 주름살에
수심만 가득하니 임마저 슬피우네

누구를 믿어

해가 서쪽에서 떠서
동쪽으로 진다고
기소하는 검찰을 보았는가.

물이 낮은 데서
높은 곳으로 흐른다고
판결하는 판사를 보았는가.

더 웃기는 녀석은
감언이설과 금품 유혹에
눈이 멀어버린 배신자

40년 죽마고우
친구를 욕되게 하고
인생을 망쳐놓고 지하에 간
인간쓰레기가 한국 사람이던가

누구를 원망할까?
양파껍질 같은 세상
유전 무죄냐 권력 무죄냐
실제 벌어지고 있구나
지금 대한민국에서는

남은 인생은

발아래 모든 것들이
산에 올라가면
나를 올려다보는데
아등바등하는 이유는 뭘까

이 세상, 영원히 살 것도
행복한 사람만 사는 곳도 아닌데
저기 공원묘지에 잠든 분들
근심 걱정 없이
가장 행복한 날 보내네.

쇠심줄보다 질긴 것이 목숨인데
젊어서 삶의 터전 만들 때는
모두가 소금물에 파김치 되었었지

남은 인생 멋지게
추운 날씨에
따끈한 우동 국물 맛처럼

마지막에 죽는 주인공

지난번 전쟁 영화를 보았다
비 오듯 쏟아지는 적군의 총알이
엎드려 있는 병사를 명중하고
서서 지휘하는 대장은 비켜갔다
주인공이라서

주인공이 총알을 맞았다
총알이 팔이나 다리에 맞지
가슴이나 머리에는 맞지 않는다
절룩이며 부상당한 채
부하를 업고 최종 목표로 돌진한다

요즘 사극 드라마도 그렇다
비 오듯 날아드는 적군의 화살촉에
열심히 대응하는 군졸들은 맞아도
망루서 지휘하는 장군은 피해 간다
주인공이라서

우리는 이 땅에 태어날 때
모두가 다 주인공이다
제각기 사명이 다를 뿐

살아있는 동안 먼저 죽을 수 없다
주인공은 마지막에 죽어야 하니까

이산가족의 마지막 소원

국민만 소통 화합하라고 하니
짐짓 지네들이나 먼저 잘하지
갈등만 증폭시키고 부채질 하네

옥황상제 미움 받는 견우직녀도
은하의 동서로 갈라져 살지만
까막까치 덕분에 매년 상봉하는데

이 땅의 한반도 배달민족은
무엇 때문에 만날 수 없는지
슬픔을 두 눈 뜨고는 못 보겠네.

가슴에 한 많은 이산가족
살아생전에 만나지 못하면
죽어서 조상 뵐 낯도 없으리.

안산鞍山의 연정

메타쉐콰이어 향기 풍기는
어느 가을 무서리 짙게 뿌려진 날
숲이 좋아 산에 올랐네

무악재가 갈라놓기 전에는
봉수대가 있던 그곳
처음에는 인왕산과 한 몸이었네

그는 항상 남산을 사모하며
낮에는 까만 머리 풀어
소식을 전해주고
밤에는 온몸을 태워서 밝혀주었네

가을에 만난 붉은 옷차림의 여인은
아직도 횃불을 들고 있네
이제 그 여인의 숨소리는 사라졌지만
나는 봉수대에 홀로 서서
지금도 그 여인을 잊지 못하네
아직도 안산을 잊지 못하네

이별보다 더 슬픈 그리움

이따금
구름산에 올라갔다
보고 싶은 너는
보이지 않고
하늘만 흔들리고 있었다

새들이 날아와 울기 전에
우리는 꼭 만나리라
세상은 메아리가 있는
아름다운 곳이니까
그렇지만 서둘지 마라
서두를수록 망가지는 게
인생살이란다

슬픔은 남아 있는 자의 몫이라고
흘린 땀 맛을 알아야
인생의 가치를 아는 거라고
외쳐 본다
너의 마음이 하얗게
물들 때까지

그런데 너는
끝내 보이지 않는구나
아직도 너에게 전해 줄
마지막 사랑이 남아 있는데

초대시 · 2

김춘자

〈수록 작품〉

- 깬다
- 동행 2
- 달맞이꽃
- 달빛
- 등
- 문소루 열두 기둥
- 물싸움
- 아버지의 바다
- 오늘만 같아라
- 한 몸

깨다 외 9편

무엇 때문에 사는지
기로에 섰다

한줄기 등불 길
시심 가득한 사부와 문우들

아득하던 그곳
동참하고 있는 내가 보인다

언제부턴가
웃음꽃 만발 벅찬 가슴

그저 기분이 좋다
저절로 삶이 깬다

동행 2

같이 가는 두 사람
아름답다

지팡이에 의지한 몸
굽은 허리 세워
하늘만 쳐다본다

꼬옥 마주 잡은 손

함께 걸어온 길
벗이란 이름으로
황혼을 걷는다

달맞이꽃

밤에만 입을 연다

고요 속에서
노랗게 말을 건다

날 파리의 극성
무더운 장마는
장애가 아니다

나는
어둠을 밝히고
달맞이 중이다

달빛

멀리 들리는 부엉이 소리
달맞이 중인가

시린 달빛은
설레는 마음

하루는 고단함을 잊고
고개를 든다

11월의 절절한 외로움
달빛으로 채운다

등

빛을 발하는
등속의 소원은
누구를 위한 걸까

가슴속에 묻어둔
드러나지 않은 바램을
들여다보는 밤

당신의 위로에 켜진
작은 불씨로
등이 따뜻하다

문소루* 열두 기둥

선인의 시 한수
열두 기둥에 풀어 놓는다

구봉산에서 내려다보는 야경
옛 문소**를 꿈꾼다

소쩍새
밤 깊은 줄 모르고

문소루 열두 제자
밤새는 줄 모른다

* 문소루: 의성군 의성읍 구봉산 소재 누각
** 문소: 경북 의성지역의 옛 지명

물싸움

모내기 준비가 한창이다

여기저기 실랑이 소리
형님 동생도 원수지간이다

이웃 어르신 한숨 섞인 말
올해는 덜 할 줄 알았는데

개구리 사랑싸움에
역성드는 농부

아버지의 바다

가장의 무게 짊어지고
평생 타협하며
젊음을 쏟아부은 곳

주름진 얼굴
변함없이 지키고 있다

멀리 통통배
만선 깃발 보인다

노 젖는 구령 소리 토해내는
등 푸른 파도 넘어온다

오늘만 같아라

댓돌 위의 가지런히 놓인
흰 고무신이 말을 건넨다

언제 이런 여유 있었냐며
미소 짓는다

햇살과 함께 대화하며
여유를 즐긴다

휴가를 즐기는 고무신
내일도 오늘만 같아라

한 몸

새끼손가락에서
피가 난다

김장 배추 썰다가
바쁜 칼끝이 지나갔다

쥐고 펴고 잊고 산 수고로움
당연한 줄 알았다

한 몸인 줄 몰랐다

초대시 · 2

김희경

〈수록 작품〉

- 아름다운 가게
- 천사 세상
- 가을 산이 둥글다
- 기다린다
- 빈 마음
- 엄마의 겁
- 부엉이 소리에 귀를 열다
- 눈부신 오월
- 함께 산다
- 물새

아름다운 가게 외 9편

언제 어디로 떠나게 될지
선택된 주인을 찾아
변덕스런 날씨에 옷장을 푼다

소유에 익숙한 세월 속에
먼지에 숨은 잠든 옷깃마다
할 말을 찾으려 서성이는 시간

꽃씨를 뿌리듯
밝은 세상 선사하는 기부 천사
아름다운 가게를 만나
살아나는 꿈이 날개를 편다

천사 세상

당신이 있어
재롱을 피운다

멈춘 시간 속
어제 한일 다 잊고
가족이 된다

서툰 노래 하모니카 연주에 웃고
마술사 손짓에 웃는다

귀에 걸린 미소
굳은 어깨 들썩 풀어 놓은
천진난만한 수호천사

묶어둔 시간의 벽
해맑은 미소가
비슬원을 밝게 피운다

가을산이 둥글다

비바람 모진 폭풍 견딘 산에
빈 마음이 걸렸다

잠시 왔다 떠나간 푸른산
때 이른 바람 인다

곱게 물든 단풍이
철없이 즐기는 오후

우뚝 선 가을 산
비운 만큼
둥근 선이 선명하다

기다린다

젖은 음성
바람이 흔든다

빗줄기에 빛바랜 추억
수목원에 걸렸다

빗방울 하나 얹힌 가지에
툭 떨어지는 상처

내일을 향한 꽃길
젖으며 기다린다

빈 마음

꼬리 무는 생각
가을바람 따라왔다

대나무 숲에
참새 앉아 말 거는 날

서리 바람이
몰고 온
빈 들녘 앞에 섰다

뻥 뚫린 논두렁을 걷는다

흔들어대는 바람에
숨죽이고
가부좌 튼 억새에 등을 기댄다

엄마의 겁

혼자 김장하는 날
단맛 신맛
엄마 냄새 맡는다

작년에 담은
김치 깍두기가 별미다

삼시 세끼
밥그릇 비우는 저녁

겨울이 올 때마다
겁이 난다던 엄마

오늘은 환하게 웃으며
내 등을 두드리신다

부엉이 소리에 귀를 열다

가을을 만끽하는 저녁

밤새 푸념을 먹는 부엉이
지칠 줄 모르고
등을 토닥이는 가을

소나무 사이로
바람 소리 앉는다

부엉이 소리
따라온 겨울이 밉다

부엉이의 가을 예찬
귀를 세우는 능선이 밝아온다

눈부신 오월

게으름을 피울 수 없고
늦잠을 잘 수가 없다
온실 덤불 위에 앉아 있다가

꽃불을 켜는 너
별을 부르고 향기를 담고
꿀벌은 끊임없는 한 달을 나른다

벚꽃 아래 속삭인 약속
장미꽃을 기다리는 공원
아카시꽃이 더해주는 향기는

늘 내 안에 사는
오월의 향수에 젖어
나를 토닥인다

함께 산다

아무 일도 없는 듯
시치미 뚝 떼고 숨 쉰다

무겁던 발걸음
가볍게 마음 비우고
지난 시간 삼킨다

오르막 오르고 내려서는
무딘 마음이 손을 낸다

중심 꽉 잡은 당신
언제나 버팀목이었소

나, 너, 우리.

물새

고요한 아침 발소리에
푸득 날아오른다.

소용돌이 강물 위로
물결 따라
떼 지어 펼치는 군무舞群

수면에 앉아
덩달아 춤추는 여름 뜨겁다

초대시 · 2

류한상

〈수록 작품〉

- 동역의 하늘
- 행복
- 보고 들을 수 있는
- 피고 지는 꽃의 인내
- 현충일날의 기념
- 날마다
- 시인은
- 감사하고 고마운
- 김포의 둘레길
- 은혜의 바람

류한상

동역의 하늘 외 9편

우리는 동시대 사람
같은 일 행하는 자
시대의 어둠을 탓하지 않고
역동적 기질을 발휘함이니
갈길 밝혀주는 당신의 친밀함
온 정성으로 이룬 세상이라네
언제나 물러설 줄 모르는
그분께서 주시는 용기마다
누구도 따르지 못할 빛의 길에서
성심을 다하는 수행자의 삶이리라
말하지 않아도 전파되는 사랑이
구원에 이르도록 날마다
언어와 마음이 한 몸짓으로
듣고 행하며 그분 말씀으로 살으리라
자신을 낮추는 삶의 도리
갈 길 보여주며 깨우치는 쉰 목소리
저마다 자유와 평화를 위함이라

행복

우리의 언 가슴을 녹이시는 이여
하늘에서 내려준 선물
차가운 눈 속에서도 새싹이 돋아나
쉬임 없이 오늘을 믿고 의지합니다

생각나고 불러 주는 이 있고
만나고 싶은 이가 줄을 이어
가고 싶은 곳과 찾아갈 곳이 있어
반겨 줄 이 그리운 이가 있습니다

말할 수 있는 이 있어
기댈 수 있는 이 있어
감사하고 고마운 인연 중에
서로를 생각할 수 있다는 것은
기쁨으로 하나가 되는 삶
부담스럽지 않아 흉허물 들추지 않는
속마음 풀 수 있으니 행복한…

보고 들을 수 있는

볼 수 없고
들을 수 없게 함은
볼 수 있고 들을 수 있게 한 것
알라고 함이라
아주 가까이 있어도
진실하지 못한 이는
볼 수도 없고 들을 수도 없고
엄청난 거리의 사이가 되리니
너무 먼 곳에 있어도
같은 생각 같은 방향으로 가는 길
큰 것만이 보여 지는 것이 아니더라
사랑은 작은 소리에도 들리고
거짓은 아주 큰 소리를 내어도
듣지 못해 볼 수 없는
광야의 삶을 살아가는 사람 들
내 얼굴을 내가 직접 볼 수 없을 때
나를 보여주는 거울을 보면
내가 나를 다 볼 수 있을 거야
내 맘의 생각 다 알 수 없지만
세상의 거울이 비춰 주므로
인류는 백년 천년이 지나도
예언의 말씀 그대로이리라

피고 지는 꽃의 인내

산과 들은 명상의 안식처
혼자 걸어도 혼자가 아니더라
내 뜻대로 되지 않는다고
환경 기후 조건 탓하여도
내 조건에 맞추어지지 않는다
자연 속에서 견뎌내는
꽃과 나무들의 일상을 보시라
참고 견디는 일상마다
계절따라 꽃과 열매를 맺지않는가
대처할 수 있어야 살 수 있다
서둘러서 꽃 피우고
열매 맺어 종자 번식하려는 모습
보기만 해도 감사하고 고마운 일
이름 없는 들풀이라도
생명 귀함을 아는 자는
활짝 웃게 하는 아름다운 마음
우리 함께 어우러져 삶의 가치 진정일 때
하늘과 구름과 바람도 함께 머무리라

현충일날의 기념

조국을 위해 온몸 바쳐
산화한 그대들의 숭고함에
이 땅 위에서 잘 살고 있음
그대들이 희생과 헌신이
이 나라를 존재케했습니다
순탄치 않았던 시대의 역사
삼천리금수강산 한반도 통일
그날을 그리면서 그대들을 기억합니다
내 조국 대한민국은 쓰라린 애환의 역사
아직도 분단된 반쪽의 나라
서산에 물드는 노을은
희로애락으로 피어오르고
승천한 호국영웅들의 함성
이 민족 수호의 영원한 빛

날마다

아무리 바쁘고 힘들어도
내가 살아가는 이론은 특별한 규정 없다
하늘과 땅과 산과 들을
매일 같이 보고 느끼면서도
아름답다는 생각도 가끔이더라
생명은 고귀한 것으로
미물도 소중히 여겨야 한다는 것
그 누구도 내일 일을 모르리니
인간사 새옹지마 말하지 않든가
세상의 모든 일이
주님의 뜻 안에 달렸으니
말씀과 기도로서 늘 깨어있어라

시인은

시인이 시 나무에
꽃을 피운다는 것은
나무는 나무대로
맡겨진 사명을 다하여
꽃을 피움과 열매를 맺음이리라
무성한 시 열매를 맺는 시인의 삶
언제라도 시 나무가 되어야 한다
어둠에 익숙한 나무는
꽃을 피울 수 없고
햇빛과 어우러진 나무는
꽃과 열매로 거듭났으니
많은 사람들에게 이로움을 주리라
시원한 마음 밭에 심어진
우리는 시 나무로 초대받았으니
믿음과 소망으로 자유를 누리며
티 없이 맑고 투명한 하늘의 천사로
사랑의 길을 찾아가는 시간
나를 구원하는 한 점 빛이
세상에 머무는 동안 행복이리라

감사하고 고마운

고맙다는 말
흔하게 하는 말이 아니다
감사하다는 말이
흔한 말이 아니다
귀한 마음은 평화와 자유
사람들은 쉽게 말하지 못한다
언행일치가 하나가 될 때
사랑과 믿음으로 승리하는 삶
인정과 배려심과 이해와 용서는
미움과 오해가 물러설 것이다
고맙소, 감사하오,
미안하오, 사랑하오
따뜻한 마음 밭을 일궈내어
생기를 불어넣는 축복의 삶

김포의 둘레길

한강 물이 흘러들어
김포를 휘감아 돌아 돌아
금포의 옥토 이뤘었으니
옛 땅보다 기름진 땅
더욱더 발전된 신도시 아파트
지금 월곶 문수산 끼고
염하강이라 이름 바꿔
서해로 가는 바다의 강으로 이름났다
많이 변한 염하강둑 철책 벽
내 민족의 애환이 담겨있는
평화 누리길 혼자 거닐며
바램의 인걸들만의 힐링뿐이겠는가
남북통일은 언제나 기도의 염원
갈망함이 분단 달램의 꽃뿐일라

은혜의 바람

바람 불어옴은
살아 숨 쉬는 자연의 숨소리
우리는 그렇게 알고
오늘 할 일을 미루지 않는다
세상에는 두 부류의 바람이 있다
생명을 키우는 바람과
생명을 앗아가는 바람
내가 원하는 좋은 바람은
사랑과 은혜 행복의 바람
감사와 기쁨은 진정한 삶의 바람
수많은 이웃을 위해
당신이 보여준 사랑일진 데
깊은 은혜 속에 살면서
삶 속에 빛이 되시는 이여
당신의 사랑을 기억하는 거룩한 날

초대시·2

박득희

〈수록 작품〉

- 뒤늦은 후회
- 보고 싶다
- 은혜로다
- 너와 나
- 나이 허리띠 풀어보니
- 선물
- 네 잎 클로버
- 흔적
- 휴일의 거리
- 내려놓으니

뒤늦은 후회 외 9편

돌아보면 아무것도
아니었음을
왜 그리 가슴앓이
하였던가

한 발짝만
뒷걸음쳤어도
보였을 세계에 눈과 귀를
왜 막았을꼬

마음 졸이며
가슴 두드렸던 시간들
돌아보면 아무것도
아니었음을

후회의 홍수 범람하고 있다

보고 싶다

어느 곳에 있을 너 진짜 많이 보고 싶다

며칠 전 전화로
너의 존재를 다시 한번 생각해본다

정말 많이 보고픈 너
생각하면 가슴이 아리는데

무엇이 세상 속으로 너를
꼭꼭 숨게 하였는지
이해할 수는 없지만

많이 보고픈 친구여 어디에 있는 거니

오늘도 어느 곳에서 슬픔 안고서
시간의 흐름을 지켜보고 있는 거니

오늘도 보고픈 마음에
이 밤을 소리 없이
친구하고 있다

은혜로다

환한 빛으로
다가오는 기쁨
눈부시다

속에 가득 찼던
욕심이 조금씩
녹여나가고

주체할 수 없는
거룩한 사랑에

몸과 마음은
한없이 오열하고 있다.

너와 나

한 걸음 걸어보니
저 멀리 오는
너의 모습에 발걸음이 멈추어선다

내 한 걸음
너 한 걸음
더 내딛으면 가까울 수 있지만
어느 순간 흩어지는 마음

무엇이 너와 나를
이처럼 벽을 세우는 것일까

끊임없는 갈등에
흔들리는 발걸음

결국 등 돌리고 마는
자존심에 땅만 무게를
못 이기고 울고 있다

나이 허리띠 풀어보니

흘러가는 구름을 따라가 보니
내 나이 어느새 육십 계단을
한 계단 올라서고 있구나

인생의 사계절 휘청거릴 때
든든한 반석 되어준
부모님 은혜가 이리 크심을

부모님 나이 되어
아이들 도움 되고자 하나

걸음의 반도 못 따라가는 나는
나이 허리띠만
공연히 붙잡고 있구나

선물

인편에 보내온
작은 보따리

보고 싶은 마음에
얼른 열어보니

봄날의 향기 품은
나물과 쑥떡

계절을 잊고 갈까
걱정한 친구의 고운
마음이었다

네 잎 클로버

가볍게 기침하는
바람에도
흔들리는 연약한 잎

초록의 벌판에
행복이란
명찰을 달고 있는
세 잎

그 옆에 수줍은 듯
브이 표시하는
네 잎의 행운

세 잎의 행복은 우리 곁에 머물고
네 잎은 우리의 소망
담아 희망을 퍼트린다

흔적

깊이 패인 이마의
주름을 보며
울컥해지는 마음

얼마나 많은 시간
마음에 인내를
담고 사셨을까

가신님 가슴에 담고
살아오신 세월
그 누가 알아 알아주었을까

파도의 포말처럼 고이 접어둔 마음
걸어가다 또 돌아본다

어머니의 지난 시간의 마음을

휴일의 거리

명동거리를 걸어본다
발을 디딘 건
내 의지였는데
걷다 보니 떠 밀려가고 있다
어디로 가는 걸 까

분명 우리나라인데
나와 같은 향기
나와 같은 색깔
나와 같은 언어를 쓰는 사람은
물건을 파는 사람과 나

찾다 보면 있겠지

하지만 부딪치고
밀리는 순간이 불편하다

이 거리에 서 있는 이 시간
이 거리가 익숙하지 않다

내 나라 거리인데

더 이방인 같은 내 모습
가슴이 답답해진다

오직 이 곳을 벗어나고 싶다는 생각에
마음은 목적지를 향 하나
여전히 몸은 그들과 걷고 있다

내려놓으니

내려놓으니
시야가 보입니다

내려놓으니
숨이 쉬어집니다

내려놓으니
손에서 땀이 나지 않습니다

내려놓으니
마음이 편해집니다

내려놓으니
감사의 마음이 생깁니다

내려놓으니
애틋함이 생깁니다

내려놓으니
분별력이 생깁니다

내려놓으니
마음의 병이 사라집니다
세상사 모든 것
뜻대로 되리 오 마는

내려놓으니
모든 게 편안 해집니다

초대시 · 2

박원규

〈수록 작품〉

- 화사火寺의 밤
- 가난 여행
- 찔레꽃 피는 밭두렁
- 풍덩 빠진다
- 그대 그리고 나
- 홀로 핀 산나리
- 코스모스 사랑
- 산딸기
- 분홍 발자국
- 개망초 편지

화사火寺의 밤 외 9편

검게 탄
고운 보살
쉴 곳은 어디

타닥 탁탁
노송 옆구리
딱따구리 염불 소리

구름은
아무 일 없는 듯

속살 터진 범종
솔가지 사이로
불비 눈물 흘린다

집 잃은 딱따구리
등운산 이불 덮고
목탁 치는 밤

가난 여행

어머니
밥 짓기 힘드시죠
우리 여행 자주 가요

돌 틈새
영산홍 필 무렵
좋아서 발그레한 안색
익숙한 미소

야야 꽃도 이쁘고
밥도 짓지 않아 너무 좋다

옥죄여진 지난날
가난으로 지어 주시던 밥상
밥상머리에 앉은 아들이 보인다

찔레꽃 피는 밭두렁

좁은 밭두렁 길에
곱게 피었다

바람에 실린 꽃향기
집을 찾는다

엄니 저고리에 배인
시큼한 사랑에
벌 나비 된 누이동생

가시에 찔린
사랑 얘기 듣는다

밭두렁 길 찔레꽃은
엄니의 전설 풀어 놓는다

풍덩 빠진다

별이 잠든 호수에
풍덩 빠진 할부지

꿈에서도 웃는 별
세상은 꽃이라 불린다

우주의 한 획
봄볕에 꼬물거리는 입술

옹알이에 벌 나비 춤추고
호수에 풍덩 빠진다

그대 그리고 나

홍안의 미소 간곳없고
깊게 파인 주름엔
연륜이 내려앉았다

그대와 나
오늘 이대로
사랑하고 싶습니다

가까이 가지 못한 그리움은
가슴 시린 숯덩이였고

울안에 갇힌
한여름 소나기의 즐거움은
황금이었다

굽이굽이 엉긴 상처
바위처럼 단단해진 정

박꽃 같은 하얀 그대
변치 않는 쪽빛 마음
당신 참 그립네요

홀로 핀 산나리

바위틈에
순결한 고독이 산다

낮은 산새와 놀고
밤은 별치기하며 논다

이슬로 단장해도
꽃물 흘려도
봐주는 이 없다

어쩌면 나도

코스모스 사랑

코스모스 향기
가슴을 더듬는다

시 한 편 주고 떠난
뭉게구름 옛사랑

코스모스 그늘 아래
너럭바위 베고 누웠다

세상살이 엉킨 가슴
그리움으로 물든다

산딸기

인적없는 산에서
순정을 쏟아낸다

시골 총각 망설이다
두 손 내민다

잎새 뒤로
숨는 산딸기

멈출 수 없는 사랑
오매! 오늘은
붉은 저 유혹
누굴 위해 불을 지피나

분홍 발자국

철 지난 나팔꽃 넝쿨 아래
빛바랜 우편함

애절한 사연
마른 바람 타고 와
풀잎 소리로 머물고 있다

눈 덮인 아침
숱 댕기 눈썹 그린 밀어
빈 우편함을 채우고 있다

밤새
사슴 눈 닮은 그녀가
흰 눈 밟고 오셨나 보다

개망초 편지

이슬로 봉해서
바람결에
떠난 사람 찾는다

흔들리며 달려가던
못다 한 사연
우체통에 숨기고

떠난 사람
갈바람에 실려와
옛 사연 풀어 놓는다

온몸으로 쓴
답장을 읽는다
시월에 부르는
개망초 사랑 얘기

초대시 · 2

송호민

〈수록 작품〉

- 마음의 빗장을 열고
- 내 삶의 시계 둘
- 축제
- 세월이
- 시인의 밥상머리
- 내 마음의 문
- 물안개
- 그냥
- 잃어버린 것에 대하여
- 잉태의 감격

마음의 빗장을 열고 외 9편

약속은 없었지만
다시 찾아온 계묘년 한가위
바람의 등에 업혀 찾아온 고마운 손님이다
그늘진 곳을 달빛으로 환히 비추어
철벽같은 경계에서 벗어나
부디 밝은 세상 만나 신나게 살면 좋겠다
소중한 인연들이여
건강이라는 축복을 받았는가, 축복으로
끈끈한 혈육의 정으로 열매를 맺어
사랑의 웃음꽃이 만발하길……

내 삶의 시계 둘

자꾸만 시계를 본다
때론 빠르게 때론 느리게
사랑도 싣고 눈물도 싣고
미지의 땅을 개척해야 한다
어디쯤 가고 있을까? 어디쯤 오고 있을까?
괜스레 걱정해보지만
시계보다 정확히 찾아온 두 선물
나의 첫 번째 시계는 큰딸이다
이제 제법 컸다고 엄마를 생각해주며
나를 위로하는 모습이 고맙기도 하다
내 삶에 버팀목이 되어줄 것 같아
괘종시계라 부른다
그 울림이 깊고 무거워서
소망꽃을 피운다
나의 두 번째 시계는 작은 딸이다
배고프다 칭얼거리며 쉴 새 없이 조잘거린다

축제

가을 하늘이 청명하다
꽃들이 들꽃마을에 모여 저마다 사연을 노래한다
아름답게만은 살 수 없는 우리네 삶을
어느 날 심장을 짓누르는 슬픔과 아픔의 고통이 따르는
한여름의 계절을 넘기고 나면
풍성한 결실을 맺는 가을을 맞이하고
그 열매는 달콤하고 매혹적이다
계절이 부추기는 11월이 되면
제아무리 화려하게 살아냈더라도
들꽃들은 점점 시들어 사라져버리듯이
혼자 감당키 어려운 노인들은
사회복지사, 요양보호사, 간호사의 돌봄을 받는
들꽃과 같다
쇠약해져 가는 육신은 겨울을 맞아
회상의 시간마저 허락되지 않는다
무한정의 시간 속에 묻혀져 간다

* 증평들꽃마을 요양원에서

세월이

오시라고 한 적 없어요 가시라고 한 적도 없어요
창틈을 비집고 왔다가 휙 가버린 세월이 그래요
가을 저녁에 단풍잎을 보며 우리 인생 우리 삶이라고
낙엽이 떨어져 바람에 뒹구는 모습도
홍시가 익어 떨어지는 소리는 시간이라고
벼가 익어 고개 숙인 모습은 세월이라고
오지마라 손사래 쳐보지만
어느새 와버린 당신의 세월
가지마라 애원해도
어느새 가버린 당신은 찰나였소
기쁨 한 바구니 주고 간 당신
슬픔 한 가마니 가지고 간 당신
보내고 보니 모든 것이 세월이었소

시인의 밥상머리

오늘의 밥상은 어떻게 차릴까 고민할 필요는 없다
해와 달 구름과 비 별들과 은하계 바람과 석양 배고픈
자를 위하여 마음대로 상을 차리면 된다 잡초와 나무 바
위와 시냇물 꽃과 나비 오곡백과와 야채 산짐승 들짐승
가리지 않고 맛나게 구수하게 밥을 짓고 기다리자 도시
와 시골 전경 산과 바다 강물 그리고 폐수와 쓰레기까지
눈과 귀 후각과 미각 촉각까지도 그러자 온 정성을 다해
깨소금 한 줌 넣어 나물을 만들자

생각과 꿈 사랑과 행복 고마움과 감사함 인연과 악연
희로애락 찰나의 순간까지 매콤하게 감성 한 스푼 넣어
찌개를 만들어 보자 지식과 지혜 음악과 미술 춤과 스포
츠 신과 영혼 이승과 저승을 조미료 삼아 특식을 준비하
자 성심성의껏 사랑하는 독자들께 밥상을 차려 드려 감
동의 눈물도 잃어버린 추억도
그러자 배꼽 빠지는 웃음도
진정 살맛 나는 삶이 되길 기도하며 후식을 준비하자

내 마음의 문

내 마음의 문은 어떤 문일까
강철 문일까
통나무 문일까
창호지 바른 예쁜 빗장 문일까
열고 싶을 때 언제나 열 수 있는 문이었으면 좋겠다
힘으로도 열 수 없는 문
돈으로도 열 수 없는 문
지식도 열 수 없는 문
다정한 말 한마디가 열쇠인데
이제 마음에 문 열어 두고
새소리 물소리 바람소리도 담아 보자
하얀 소리 검은 소리 모두 다 담아보자
물의 지혜를 빌려 포용하고 자정自淨 능력을 배우자
민들레의 홀씨처럼 허공으로 날려보자
무장해제하여 빈 곳을 채우기 위해
마음의 문 뜰 안에 사랑꽃
감사꽃 용서꽃 화합의 꽃을 심고 가꾸자

물안개

이른 새벽 첫 닭이 목청 높여 오늘을 알려서
잠에서 깨어나 강가로 나간다
물안개 자욱히 피어나는 신선터
저만치 산 너머에는 붉은 깃발 높이 들고
신비로운 아침을 연다
물안개는 산 중턱을 휘감아 돌며
초목의 이불을 걷어내며 뒷걸음질로 떠날 채비를 한다
숲은 밤새도록 사랑놀이했는지
잉태의 젖줄로 인연을 맺어놓고
아쉬움도 서러움도 잊은 채 떠나는
발길이 가벼워 조용하다
가면 언제쯤 올지 기약 없는 이별일지언정
때가 이르면 앉은 자리 내어줄 줄 아는
물안개의 지혜에 숙연해지는 오늘
삶의 처절함도 추악한 허상들도 현실과 꿈의 괴리에서
피어나는 물안개와 같은 것
오늘도 수많은 꿈을 가진 떠오르는 당신을 위해
모든 것 남겨 두고 걸음 옮긴다

그냥

아! 좋아라
왜?
꼬집어 말할 수 없어도 그냥 좋은 걸 어떡해
자꾸만 눈물이 나네
왜?
그냥 슬프고 가슴이 찡하며 이상해
사랑해
왜?
말로 표현할 순 없어도
모든 것을 사랑할 수밖에 없어
감사해
왜?
그냥 마냥 고맙고
지금 이 순간이 감사한 걸 어떡해
이유가 필요치 않고
물음도 대답도 필요치 않아
좋으면 좋은 대로 슬프면 슬픈 대로
사랑하면 사랑하는 대로

잃어버린 것에 대하여

무엇을 잃어버렸는가
어린시절 뛰놀던 언덕
물장구치며 깔깔거림도
까까머리 나팔바지 신나던 고고춤도 볼 수 없다
오징어 게임으로 편 가르던 즐거움도
음악다방을 전전하며 DJ에게 전해 주던 손편지
잡지책 뒤적이며 펜팔의 연서들
지금은 가고 없는 아련한 추억뿐
차창에 기대여 침 흘리며 자던 모습
차장 아가씨에게 실없이 던지던 농담 소리
잃어버린 추억들 그 시절 그립다
해운대 백사장에서 통기타치고 놀 때
적막을 뚫고 들려오던 트럼펫 소리
밤이 깊었으니 돌아가라는 경고 방송
그때 그 친구들
어느 하늘 아래서 나처럼 늙어가고 있겠지
많은 세월이 흐르고 또 흘렀건만 잃어버린 것에 대하여
그리움만 모래성 되어 파도소리 끌어안고 사라져 간다

잉태의 감격

허니문 생명이 잉태하면 날
기쁨 반 두려움 반이 교차하며
마구 심장이 뛰었어

하늘아!(태명)
아빠의 예명을 물려받아
하늘의 지혜를 얻어 포용하고
우주의 섭리에 순응하는
건강한 사람이 되어 달라고 지은 그이름
감사의 눈물 흘렸어

엄마는 날이 갈수록 배가 불러와
펭귄처럼 기웃둥거려도 행복하단다
너의 힘찬 심장 소리를 들으며
감사의 눈시울 멈출 수 없었어

무엇이 못마땅한건지
아니면 좋아서인지 발길질을 해되면
우리는 깜짝깜짝 놀랄 때가 많단다.

먹고 싶은 것 있으면 신호를 보내줘

너를 위한다면 맛난것 먹도록 해줄께
건강하게 무럭무럭 잘 자라서
몇 개월 후에 만나자구나
예쁜 나의 아가를 맞이할 준비는 끝났어

하늘의 뭇별 중에서
너라는 별이 찾아와
반짝반짝 빛날 하늘이를 생각하면
감사의 기도가 절로 나오지
멋진 감격의 만남을 기대하면서---

초대시 · 2

신충훈

〈수록 작품〉

- 나무의 언어
- 모과 열매
- 바람의 미소
- 닮은 것이 좋아요
- 할미꽃 이야기
- 해바라기 형제
- 달맞이꽃
- 향기로운 웃음
- 맨드라미의 하루
- 벙어리꽃

나무의 언어 외 9편

소리 없이 전해요.
바람에 휘날리며
마음에 담아둔
속뜻을 이야기해요.

봄에는 꽃향기로
여름에는 잎사귀로
가을에는 열매로
겨울에는 마른 가지가

바람 따라 흔들리며
맞서기도 하면서
봄을 기다리는 마음을
아이들에게 전해요.

모과 열매

울룩불룩
모난 얼굴

마음이
뒤틀렸나

아냐
아냐

엄마가 끓여준
모과차 맛보니

마음이
향기롭다

바람의 미소

웃음은
봄바람을 타고 옵니다
얼어붙은 마음을 다독여 주며
잠시 분노를 재워주면서
살며시 찾아옵니다.

웃음은
봄볕과 함께 옵니다.
세상을 환하게 비추어주며
차가운 마음을
따사롭게 해줍니다.

웃음은
꽃잎을 타고 옵니다
한송이 꽃이 세상을 예쁘게 만들듯
마음을 아름답게 꾸며주면
사람들의 입가엔 웃음이 가득합니다

닮은 것이 좋아요

파란 잎새
초록 나무
파란 하늘 닮았네

빨간 잎새
단풍나무
붉은 태양 닮았네

노란 잎새
은행나무
노란 달빛 닮았네

예쁜 얼굴
우리 아가
예쁜 엄마 닮았네

할미꽃 이야기

봄볕에 피어난
할미꽃 이야기

갓 피어난 모습인데
할미라 불리네

허리도 구부리지 않고
새색시 웃음 짓는데

할미로 살아가니
웃음이 절로 나네

해바라기 형제

키가 클수록 예뻐지는 해바라기
싸우지 않고
서로서로 물을 나누어 먹으며
다투지 않아요
날마다 마주보면서
하루 종일 웃음이 넘쳐요

정다운 해바라기 형제는
폭풍우가 몰아쳐도 두렵지 않아요
언제나 제자리에 서서
우리를 기쁘게 하는
예쁜 해바라기 한 쌍
날마다 하늘을 올려다보며
키를 키우고 있어요

달맞이꽃

달님과
별님이
서로 마주보며

무어라
무어라
속삭이고 있어요

달님아
별님아
둘이만 놀지 말고

달님아
별님아
내 친구가 되어줘

향기로운 웃음

하하하
동그란 입술에
활짝 웃음꽃이 피었다.

호호호
부끄러워
수줍게 웃는 모습

낄낄낄
장난끼 넘치는
개구쟁이 같이

꽃마다
다른 웃음 재미있어요

맨드라미의 하루

땀흘리며
꽃잎을 키우는 맨드라미
빨간 왕관을 쓰고
brow
소꿉장난 하고 있어요
어린아이같이
까르르까르르
웃음을 참지 못하는
온종일
바람과 손을 잡고
웃기만해요

벙어리꽃

어머나!
하루 종일 웃고만 있네
아무 말 없이
살랑살랑
어깨를 흔들며
얼굴 붉히는
그 뜻을 알겠네
옹기종기
정답게 반겨주는
꽃들의 마음
언제나 기쁨을 주어요

초대시 · 2

오정선

⟨수록 작품⟩

- 여문 모습
- 바람과 비
- 중매(matchmaking)
- 가을에 부르는 노래
- 내일
- 한낮의 선물
- 가로수 2
- 강아지풀
- 풀벌레의 집은 잡초
- 태풍 2

오정선

여문 모습 외 9편

인고의 시간들을 잉태했다가 부스스 이 세상이라는 곳에 태어나서

풍성한 추석 상차림 선물을 덥석 받게 하려고 아리따운 마음 건네주는 알밤이여

어쩌면 저렇게도 탱글탱글하게 여물었을까

*나를 건드리지 말라고 경고라도 하듯 가시로 온몸을 감쌌다가

더 이상 참지 못하여 온몸에 덮힌 가시 밀어내고

이 세상을 향하여 어여쁘게 은혜 베푸는 알밤이여

재래시장에 간 엄마를 마중 나온 소녀가 입은 연갈색 치마처럼 그대가 여문 모습은 대견하고 장하구려

아무에게도 말을 걸지 않는 꼭 다문 입술을 열고, 옹기종기 모여 도란도란 이야기꽃을 활짝 피우려무나.

바람과 비

바람과 비가 막다른 골목에서 슬쩍 부딪히면

바람은 비한테 모자가 불려 나니 턱끈을 묶으라 권하고

비는 바람 더러 옷이 젖으니 비옷을 입으라 권하네

바람에 모자가 불려버린 비는 그래도 바람과 함께 스킨십을 마다하지 않고

비에 젖은 바람은 눅눅해진 마음을 말리고 있구려.

중매(matchmaking)

잘 되면 술이 석 잔
잘 못 되면 뺨이 석 대
그러하니 당사자가 신랑감, 신붓감을 골라야 하는 자신의 인생 시작이자, 출발이다
잘되도 잘못 되도 탓하지 말아야 할 일이니
내 인생은 내가 선택하는 인생 방향 설정인가 한다.

가을에 부르는 노래

가을에 부르는 노래는 사람이 살아가는 참모습이 마치 체온처럼 따스하게 하여 모진 사람이 없게 이끌어 주시고

가을에 부르는 노래는 과실이 잘 익게 시리 햇빛을 듬뿍 주시고 틈틈이 빗물도 내려앉게 하여 주시며

가을에 부르는 노래는 사랑하는 사람끼리 뜨거운 눈물을 흘리며 아픔과 온정을 나누게 하시고

가을에 부르는 노래는 미워하는 사람끼리 눈을 흘기는 것을 멈추게 하시고

가을에 부르는 노래는 겨울나기를 하나씩 하나씩 준비하여 풍요로운 가을을 아쉬움 없이 떠나보내게 하소서!

내일

    시를 지어 수많은 사람에게 전하려고 의자와 식탁에 몸을 기댄 거실에서 내일도 저 햇살은

    어김없이 하늘 아래에 내리쬐어 오곡백과를 익혀주리라 바라노니

    사랑한다 사랑한다를 뇌까리며 내일의 수두룩한 일거리를 묵묵히 바라보노라

    오늘에 충실하려고 애를 쓰는 이 어찌 나 혼자뿐이겠소

    이 세상 사람들을 먹여 살릴 몫은 누구에게 있는가

    묻지를 마소
알고 있지 않은가

    자급자족하던 시절이 없지 않아 있었던 기억이 새록새록 묻어난다

    그저 내일은 밥맛도 입맛도 좋기를 바라며 주옥같은 글로 마음을 움직이게 하여 주소서

    발걸음이 가벼운 소녀, 소년, 청춘남녀들

어르신 만나거들랑 한쪽으로 길을 비켜주오

이리저리 부대끼며 휘청거리니 지팡이 짚고 마당이나 뜰을 거닐게라도 하게시리

세상살이 헤쳐 나아가는 젊은이들이여
내일도 구경거리를 만들어 웃을 수 있게

예술이라는 살아 숨 쉬는 혼魂을 활짝 열어주오

한때 어르신들도 젊은이들이었소

젊은 시절을 회상하게 하는 기록물 속에 길이 있다는 것을 오래도록 잊지 않고 간직하게시리

만수무강을 기원하는 올곧은 마음을 싣고 내일도 맑고 밝은 기운이 넘쳐나도록 한결같이 천지에 머물게 하여 주소서!

한낮의 선물

나만의 공간에서 나긋이 피어오르는 노란 햇살에게 사랑연가 듣노라면

들판에서 익어가는 고개 숙인 벼를 부드러운 눈길로 애무하듯 바라본다

한낮의 선물은 너무도 큰 꾸러미라 무겁고

바람이 살랑 지나가면 황금물결을 이룬 벼는 스르륵 스르륵 부딪쳐 바람과 연인이 되어 일심동체가 된다

두 연인은 달콤하고 애잔한 향기를 맡으며 허리가 휘어질세라 논밭을 뒹군다

이제 뜨거운 햇살은 소리소문없이 물러났고

선선한 소슬바람에 가을햇살을 뒤섞어 풍작을 이루려고 수고하는 모습이 아롱지네.

가로수 2

우리들이 아름답고 어여쁜 것은 미소로 화답하는 자연스러움이 있기 때문입니다

우리들이 더 빛나는 것은 블랙 페인트를 쏟아놓은 것처럼 어두컴컴한 밤에

가로수엔 달빛 별빛이 고스란히 내려앉기 때문입니다

우리들이 꿈과 희망을 저 멀리로 내던지는 일시적인 가벼운 기분이 들 때, 쳐다볼 수 있는 벗 같은 가로수가 있음입니다

언제나 그 자리에 저만씩 우뚝 서 있는 자연이 거저 키워주는 가로수

늘 든든한 버팀목이 되어 앞길을 밝게 열어주는 소망나무가 되어주렴.

강아지풀

그대가 외로워할지라도 고독을 되씹으며 허우적거리지 마라
한낮의 무더위에 기운도 힘도 없어 보이니 애처롭기 그지없어라
살랑살랑 미풍에 흔들리며 애정 어린 눈길을 기다리는 그대를 나의
미소와 맞바꾸련다.

풀벌레의 집은 잡초

처량하게 서글피 울어대며 합창경연대회라도 열듯

삼라만상은 약속이라도 한 듯 일제히 일어나서 기지개를 펴며

오늘이라는 새로운 날이 열리면 반가이 맞이하는 아침의 태양은

간밤의 무소식이 희소식 되어 입을 벙글게 하고

가을의 전령사 풀벌레는 가을 손님 맞이하려고

잡초에 몸을 숨기고 목청을 가다듬는다.

태풍 2

　제8호 태풍 바비는 세찬 강풍에 쉬지 않고 오싹하게 휭휭 거리고 앙살하며 울부짖었다

　전깃줄은 울릉도 호박엿가락처럼 늘어져 흔들거리며 곡예를 탔다

　저 멀리 바다에선 몹시 성난 파도가 방파제를 허들 넘듯 뛰어 넘고

　육중한 가로수도 태풍에 못 이겨 뿌리째 뽑혀 드러누워 신음 토해냈다

　높이 달아맨 철제 간판도 덜렁거리며 부아난 바람에 맞춰 신명 나게 흔들 춤 췄고

　공중에서는 빗줄기가 어지럽게 내려 갈팡질팡 난무했다

　가거라 꺼져라 물러나거라

　나의 님 못 오셔서 애태우며 두 발만 동동거렸다.

초대시·2

유소선

⟨수록 작품⟩

- 허수아비 미소
- 쌤통쟁이 바람
- 갱죽
- 남은 한 잎
- 풍금소리
- 풍등
- 다음 세상
- 간식
- 낙엽의 통곡소리
- 꽃들의 시샘

허수아비 미소 외 9편

참새를 놀리는 허수아비

어깨에 앉아 짹짹거리는 참새

일 년 동안 옷 한 벌로 산다고
비 맞고 빛바랜 옷 입고
들녘 지키는 허수아비

그래도
옷 한 벌 얻었다고
빙긋이 웃고 있다

쌤통쟁이 바람

억울해서 못 간다고
아우성친다

긴 기다림에 망울을 내밀었는데
눈 모자를 씌워놓고
사지를 흔들고 있네

무서워서 파르르 떨고 있는 망울

이제 그만 가거라
꽃샘바람아
내년엔 고운 모습으로 만나자

갱죽

세월이 가고
아버지를 닮는 줄 몰랐다

비 오고 약주라도 하신 날은
시원한 갱죽 먹자 하셨다
나는 죽이 싫어 식은 밥 먹었다

식구가 많아 갱죽이
편한 걸 이해 못 했다

김치 넣은
갱시기죽이 별미일 줄

남은 한 잎

마른 잎
한 장 온갖 힘쓴다

덩그러니
추위에 떨고 있는 그리움

지난봄을 기억하는 잎사귀

잊으라는 바람
누구를 속 태우나

풍금 소리

남자 선생님은
풍금을 못 친다

옆 반 여선생이 와서
풍금을 치며
노래했다

멋진 여선생
음악 시간을 기다리는 아이들

그리운 풍금 소리
또 듣고 싶다

풍등

길 떠난 부모
전화 한 번 없네

채석강 가에서
풍등 켜고
전상서 띄운다

아주 멀리멀리
소원 전해 주렴

꾹 눌러쓴
마음의 편지

다음 세상

딸도 못 알아보는 어머니
참외가 맛있단다

요양원에서 치매를 치료하면서

유독 참외를 좋아한다
기억 속에서도 참외 맛을
잊지 못하는 미소

저세상에서도
참외가 있어야 될 텐데

간식

대청에서 홍두깨로
국시를 민다

턱 괴고 말없이 기다리는 꼬마

꼬랑지 많이 남겨 주기를
기다린다

아궁이 불에 구멍 숭숭 나도
구워 먹던 국시 꼬랑지

낙엽의 통곡소리

가을비 타고 소리 없이
내려앉는다

옷깃을 스치는 바람도
못 이겨 살포시 기댄다

수북이 쌓인 낙엽
두발로 꼭꼭 밟으며
사그락사그락 나는 소리

낙엽이 통곡하며
우는소리인 줄 몰랐다

꽃들의 시샘

흔들리는 벚꽃
발밑에서 빈정댄다

땅땅보
민들레 제비꽃 제비 아재비꽃
키 큰 자랑 말고 네 앞가림해라

겉치마 날려 보내고 속옷 바람 벚꽃

연분홍 꽃순 다문다

초대시 · 2

이덕순

〈수록 작품〉

- 하나의 꿈
- 너와 나
- 서로는
- 회상
- 고향의 가을
- 사월의 엄마
- 그리운 엄마
- 엄마 없는 하늘 아래
- 흰머리 소녀
- 또 다른 변화

이덕순

하나의 꿈 외 9편

늦가을 짙은 단풍
가을이 아름다워도
쓸쓸함이 묻어나는 건 계절의 감성
대지를 부비며 쌓여가는 낙엽
가벼워진 나뭇잎이 바람에 부대낀다

이런 날 힘나게 하는 것은
시집 출간을 준비하며
마음을 옮기는 것으로
쉼 없이 꿈틀거리는 감성

엄마와 살아온 삶
좋아서도 웃고
죄송해서 울기도 하던 시간들
마음과 마음이 이어진
누군가 공감할 수 있다는
믿음을 동그라미 그려본다

독일의 철학과 니체는
"아무것도 시작하지 않으면
아무것도 시작되지 않는다고"
해넘이 꿈아, 푸른 꿈으로 거듭나거라

너와 나

2012년 여름날이었어
내게로 온 좋은 친구는 행운이었어

서로 아픔과 슬픔을 나누며
보낸 세월들은 기쁜 삶
언제까지나 잡은 손 놓지 말자 했지

입술이 뜨겁도록 속내를 보여준
친구는 시어머님을 모시고
나는 친정엄마와 살았지

서로 위로했던
우리의 삶이란
반드시 다정함이었어

서로는

청보라 풀꽃이 이쁘던 삼월
어둠의 고독을 물리치고
우리는 바람을 안고 만날 수 있었지
공허로 허기진 속을
뜨끈한 들깨 수제비로 채우고
달콤한 아이스크림도 즐기며
소소한 것에도 행복을 느꼈어
삭막한 삶이 바람소리 낼지라도
너는 내 마음을 알아주고
너를 위로할 줄 아는 나는
매 순간마다 행복이고 기쁨이어라

회상

유월이 오면
수저 끝으로
노란 참외 긁어드렸지

"엄마 맛있어?"
"응, 맛있어"
엄마 목소리 낭낭하다

참외를 먹으며
마주 앉아 시간 가는 줄 몰랐던
정다운 얘기들
시들지 않고 쌓이는 추억

달아나는 시간을 붙들며
뛰는 가슴의 설렘
가벼운 질문으로 끝나지 않는다

고향의 가을

하늘은 더 높아지고
나무들은 울긋불긋
옷을 갈아입고 바람에 팔랑인다
바람 불지 않아도
떨어지는 이파리들
거리마다 이리저리 뒹굴던 낙엽
한곳으로 모였다가 흩어진다

나무와 풀들은 가을에 머물다
겨울에 밀려 떠날 채비를 하는
어느 날이었다

엄마가 낙엽을 쓸어모아 태울 때
낙엽 타는 내음이 좋았고
불꽃으로 온기를 나누던 따사로움
뿌연 연기가 마당 가득 채웠던
향기 잊을 수 없다

사월의 엄마

지난봄에는 그랬었다
바퀴 달린 의자에 앉은 어머니
뒤에서 밀고 꽃 속에서 마냥 웃으며
음악 대신 조잘대는 새소리 들으며
간식도 나눠 먹으며 시간 가는 줄 몰랐지

오래오래 내 곁에 계시라고
손가락을 걸고 약속했는데
엄마는 간 곳 없고
사방으로 두리번거려도
꽃잎만 무성할 뿐이다

사랑하는 엄마는 어디로 가셨을까
목을 꺾고 하늘을 올려다보니
눈시울이 두 눈을 가린다

그리운 엄마

어렸을 때의 일이다
콜록거리며 밤을 지새우는 동안
엄마는 생강에 꿀을 넣어
장작불에 달여서 정성껏 목을 축여주선
기억이 시도 때도 없이 떠오른다

기침 나고 열나고 아플 때
업어 주시던 아버지의 등
그 허리는 늘 아늑하고 든든하여
아픈 내 몸이 편안해지곤 했다

애지중지 나를 키워낸 부모님
내가 돌봐드려야 할 때를 만나
엄마와 동거하는 동안 다리가 후들거려
놀라서 응급실 달려가기라도 하면
눈감고 말씀도 못 하시면서
가슴 조이던 아찔한 순간들
지금 생각해 보니 효도의 기회였다

매일 보는 자식을 알아보지 못해도
엄마와 함께한 그때가 든든하고 좋았다

인생에서 가장 저리며 쓰라리게 슬프고
죄송하고 미안한 일투성이지만
행복한 추억을 쌓아낸 고마운 시간이었다

엄마 없는 하늘 아래

진달래와 라일락
싸리꽃이 하얗게 핀
봄날의 그리움이 나를 부추긴다
개나리 향기 맡던 기억 속에
슬픔만 안은 봄날은
엄마 없는 서러움이다

청보라 수국 안고 가슴에 묻은
엄마를 만나고파 설렘으로 달려간다
그렇게 찾아갔지만
어머니 모습 보이지 않고
나만 홀로 거닐다 발길을 돌린다

흰머리 소녀

강남터미널에서 3호선을 탔다
중년의 신사가 자리를 양보했다
할머니가 아니라며 정중히 사양했다
자리를 양보받을 나이는 아니지만
하얀 머리와 눈가에 깊게 골진 주름
내 나이보다 훨씬 위로 보였을까
나는 아버지의 유전을 물려받아
염색하고 두 주쯤이면
하얀 머리가 삐죽삐죽 솟는다
오랫동안 염색을 하다 보니
머리카락도 빠지고 귀찮아서
염색을 하지 않기로 결심했다
나이가 많아 보여서 싫었지만
남의 시선에 웅크리고 싶지 않았다
반은 염색 머리에 반은 하얀 머리일 때가
가장 보기 싫고 마음마저 어수선했다
더군다나 직장에서도 시선을 받아야 했다
그러나 나답게 사는 법을 익히며 견뎌냈다
나로 살아가는 용기를 내며
나의 감각을 찾기도 쉽지는 않지만
누가 뭐래도 단단하게 사는

나를 위한 노력이라 생각했다
하얀 머리이건 나의 당당함이며
내가 살아가는 힘이다.

또 다른 변화

처서가 지나니
아침저녁으로 제법 선선하다
개운한 햇빛이 따갑다
파란 하늘에 구름 조각이
바람에 몰려다니다 흩어졌다
뭉쳐지는 파노라마가 멋진 풍경
매미 소리도 들리지 않는다
자연은 사람에게
계절이 느껴지도록
살갗이 까칠하고 건조하게 가르쳐 준다
그토록 덥던 여름이 수그러들고
한낮에는 더워도 가을이 오고 있었다
머지않아 꽃에 벌이 앉는
신비로운 모습도 사라질 것이다
이게 우리의 인생

초대시 · 2

이우암

〈수록 작품〉

- 겨울 소풍
- 나비의 꿈
- 눈내리는 아침에
- 달빛을 걸으며
- 동백冬柏을 그리며
- 라일락 꽃
- 무지개
- 물고기의 기쁨
- 미워하지 마시오 3
- 봄의 왈츠

이우암

겨울 소풍 외 9편

매섭게 추운 겨울에도
햇살이 유난히 밝게 비치는 날엔
겨울 소풍을 나선다
사람들은 즐기지 않는가 보다
넓은 공원에 홀로 어슬렁 걷는다
유언을 허공에 날리고 떨어지는
어찌 남았던 낙엽은 속삭이는 듯
폭신한 이 양탄자를 지르밟아 주소서

나뭇잎 무성해 하늘을 가리웠고
봄, 여름, 가을 늘 꽃이 만발했었던 넓은 공원
인사 한마디 없이 사라진 건 그뿐아니다
벌, 나비와 새들도
그 흔하던 다람쥐, 산토끼, 사슴도
모습을 꽁꽁 감추었다
그리곤 회색의 깡마른 겨울만 처량히 남았구나

찬 바람만 호젓한 겨울 공원은
청춘 시절의 활기가 다 사라진
지금의 이 노인의 신세와 같으려나
활기차 모든 걸 다 바치듯 살았지만

이렇다할 업적이랄 걸 찾아보기 힘들다
그래도 지나간 과거는 아름답다 하는데
온통 낙엽이 두텁게 쌓인 폭신함이 위안이로구나

바람길 막힐 일 없는 텅빈 공원에
아마도 살아 있다고 움작이고 있는 건
엷은 얼음층 아래 졸졸 흐르는 시냇물인 양
넓은 강을, 마침내 바다를 만날거라며 꿈을 안고 달리고 있다
이 노인의 마음에 아직 식지 않은 꿈이 이렇다
세상사 담아온 마음을 시조와 시로 담아내는 꿈
오랫동안 말없이 엮어진 전설의 흔적을

헐벗었으나 의연히 높다란 나무 사이로
햇살은 하얀 사선斜線을 그리며 내린다
공원의 많은 이야기들을 토해 내라는 듯
낙엽 위에 밝게 투사하며
사색에 빠진 노인의 관심을 초대하고 있다
한 구석에 부끄러운 듯 숨어 있던
마음속 오래된 한 상념想念을 일깨워 보라는 듯이

나비의 꿈

나비는
안락한 집도 없이 나뭇잎에 알을 낳는다
알로 태어나는 생명의 신비 함께
이미 나비의 꿈은 시작한다

자연에 노출되어 애벌레로 성장한다
스스로 나뭇잎에 내리는 이슬 함께 잎을 갉아 먹으며
성장의 영양을 보충하는 연약한 몸놀림은
오직 꿈을 위한 일관된 집념의 안간힘이니

애벌레는 고치의 관棺을 짓고 그 속의 암흑의 시기
일생의 4분지 1 이상을 죽은 듯이 정화, 고독, 묵상하며
해맑고 아름다운 세상을 맞으려
아름다운 나비로 환생하는 꿈

꽃과 어울리기 위해 꽃처럼
아름다운 날개로
이 자연을 자유로이 날고
최상의 먹이 꿀을 마음껏 향유享有하는 꿈

꽃술에 날며

꽃의 씨앗을 맺어주는
이타利他의 소명召命을 실현하여
헌신을 나누는 사랑의 꿈

누구나, 언제나
이 선善한 나비의 꿈을
기쁨 함께 누리며 꿈꿀 수 있지 않을가
오로지 마음 하나 고쳐 잡는다면

눈내리는 아침에

지난 한밤중부터 내리던 눈은
이른 아침에도 여전히 조용히 내리고 있다
잊어야 할 그리움을 애써 참는 듯
늘 미소를 보여주던 청초한 연인의 하얀 눈물
온 세상 잠을 차마 깨울가봐
아침준비 소리마저 가슴조리는 마음

창가 크리스마스 트리의 작은 별빛들도
이른 아침이라 숨죽여 빛나고 있구나
은근슬쩍 겨며 오는 그리움일랑 애써 잊으라는 듯
창밖의 하염없이 내리는 눈은
온 세상 새하얗게 덮어 놓고선
새롭게 초록의 꿈을 그려보라는 마음

달빛을 걸으며

사람 하나 없는 적막한 밤
달빛 외로이 내리는 길을
겁먹은 어린아이가 홀로 걷는다
오른쪽 숲에서 혹시 호랑이가 나오지 않을가
머리 흐트린 귀신이 불쑥 덮치면 어쩌나
저벅저벅 제 발소리에 소름이 돋는 밤
큰집 사촌과 떠들고 놀던 그 즐거움은
사라지고, 달빛 음산함을 밟고 걷는 늦은 밤

큰집 그 사촌은 4·19에 희생되어
고교 시절 꿈 따라 저 세상으로 말 없이 갔다
이미 살짝 부패하기 시작한 그의 시신屍身을
고교 친구들 함께 둘러앉아 알콜로 닦아내며 작별했다
달빛 내린 길을 홀로 걸을 때처럼
공포의 고독이 한동안 마음에 밀려와 머물었다
세월이 흐르고 세상의 경험은 단련을 반복했고
달빛 내린 고독의 길은 멀리 사라진 듯

고독도, 적막도, 공포도, 절망도, 슬픔 모두
나와는 전혀 어울리지 않는 것이었다
달빛은 이제 마음을 달래주는 숨겨둔 임으로

고독의 길은 사색을 즐기기 위해 남겨둔 기회로
떠나간 사촌은 연민을 낳았고 기도가 되었으며
달빛 내리는 적막은 사랑이란 무엇인가 묻는다

동백冬柏을 그리며

찬 겨울 잎새 다 떨군 회색 자연에
기력 쇄진한 듯 처진 우리에게
따뜻한 웃음으로 다가오는 임이 있다
사철 푸른 두툼한 진초록 옷에 어울리는
빨간 코트 입은 동백이 몹씨도 그립구나

동백은 벌, 나비가 이미 다 숨어든 겨울에 핀다
더하여 향기도 없으니 누가 암, 수 교배를 시키나
그래도 보란 듯이 씨앗을 잉태하고 열매를 맺는다
영특한 꽃이 아니더냐
서릿발서는 한겨울에도 의연한 기상이 아니더냐

열정적이고 아름다운 겨울의 꽃 동백을
이곳에선 볼 수 없으니
동백 만날 수 있는 모국이 그리워진다
동백꽃 화폭에 담으며
임 만나 하염없이 마주하던 마음 아련해

찬 바람 두려워 움추려드는 한 겨울에도
동백의 유혹에 이끌려 나서던
겨울 길엔 임 향한 그리움만

빨간 꽃잎에 둘러 쌓인 황금빛 별들
마음에 담는 소중한 꿈은 언제나

라일락 꽃

눈 들어 보니
화사한 하얀 라일락꽃 활짝 펴 반기누나
화창한 기운 안고 온 게 너였구나

햇볕 겨운 날 외로움 밀려 오면
늘 네 등걸에 기대 책을 읽었지
은은한 향기 그윽해 설레이는 마음은 늘 희망 가득

특유의 그 향기는 먼 옛날의 그리움 안아오니
아, 나의 정다웠던 벗이여, 이 가슴이 젖는다

눈 감고 생각하니
이미 태양 주위를 수십 번도 더 돌았으니
이제 지치고 허약해져 넋 놓고 널부러졌는가

너의 화사함과 향기는
놓쳤던 추억 함께 희망 일깨워주네
나이가 무슨 상관이냐 소명을 잊었느냐 묻는다

새하얀 삶에다 새 꿈을 그리려니 새 힘이 솟아나네
라일락 예지叡智로 다시 새록새록 살고파라

무지개

비 내리는 고요한 길
우산 쓰고 걸으니
논두렁 밭두렁 넘으며
시골길 걷던 추억 새롭구나.

어머니 찾아가던 날
싫지 않은 비가 부슬부슬 내렸다
좁은 숲 속길 벗어나 산소에 올랐다
빗줄기 멈추고 태양이 빼꼬미 드러나더니
낮은 산 너머 저쪽 무지개 피었었다

사무실 나와 혼자 점심하러 나선 길
예보에 없던 비가 주룩 주룩 나린다
여우비인가 한쪽으론 태양이 밝다
길 저 끝 멀리 산 등선에 무지개 아름다우니
어머니 밝은 미소인양 반갑다

물고기의 기쁨

한여름 넓은 연못 유유히 놀고 있는 물고기들
거칠 것 없어 한가로이 만끽하는 기쁨인 듯

태풍 불고 폭우 몰아치더니 오염수 흘러들어
온통 뿌연 안개 드린 듯 먹이 찾기 고통
사기와 보이스피싱에 안 낚이려 조심조심
갑자기 휙 달려드는 교통사고 피하느라
깊지 않은 물속으로

이런 가운데, 동료 물고기들과 분쟁 없고
먼 곳에서 날아와 살고 있는 거위 이민자들과 어울리고
산책하는 많은 이웃들의 즐거워하는 표정에
느끼는 자부심
연못의 물고기들은 기쁨을 구가한다

그들에겐 꿈을 꾸는 기쁨도 있다
연못으로 들어오는 시냇물을 따라 바다로 여행하는 꿈
깊은 심연이 있어 다이빙하고
넘실대는 파도 타고 롤러코스트도 즐길 수 있고
장시간의 마라톤도 시도할 수 있다

더 간절한 건, 출구에 철봉으로 물만 통과하도록
지혜智慧가 설치한 수문水門 없어지는 꿈 아닐가

미워하지 마시오 3

대화 중에 그대 편을 들어 주지 않아서
당신의 선택을 반대했다고 해서
열심히 말하는데 중간에 끼어들었다고 해서
내 혼잣말이 불평인 듯 들렸더라도
부탁하건대 미워하지 마시오

사실 무조건 편을 든다는 것은 쉽지 않잖소
선택을 반대하는 것이라기보다 대안을 제안한 것이고
중간에 끼어드는 것은 당신을 잘 안다는 것이었기에
내 혼잣말은 불평이 아니라 말하기 전 습성인 줄 아시고
혹여라도 미워하지 마시오

우리가 오랫동안 서로 잘 알았고
서로 좋은 관계에서 동지처럼 지냈고
만나면 서로 반가워 웃음부터 보이지 않았소
자유의지가 주어진 우리는 서로 조금은 다를 때도 있으니
너그러이 부디 미워하지 마시오

한순간의 섭섭함으로
수많았던 말끝에 한마디 말 때문에
서로에겐 그 어떤 말이나 행위가 다 기쁨이었듯이

그동안의 믿음으로 의심하지 마시고
당신 존재의 아름다움으로 미워하지 마시오

그렇지만 내 말에 혹여 서운함이 있었다면
마음의 상처가 되어 가슴을 찌른다면
도저히 이해 안 되는 상황이라면
더 심해서 분노가 쳐 올라온다고 할 때도
언제고 얘기하고 미워하진 마시오

지금도 그리고 또 언제나 그대 편임을 믿으시고
그대가 잘되길 기도하고 있으며
그대의 영특함과 옳음을 함께 할 수 있음에 자부심을 느끼며
그대가 날 아껴주고 있음도 잘 알고 있기에
낙엽이 아름다워야 하는 이유와 같이 미워하지 마시오

봄의 왈츠

그대여, 봄의 왈츠를 기억하시나요
봄을 애타게 기다린다오

남에서 따뜻한 사랑의 기운으로 스며들면
연두색 여린 잎들은
살랑살랑 봄의 왈츠를 시작합니다

가녀린 꽃대가 한들거리고
꽃잎은 꽃잎대로 하늘 하늘
꽃향기는 대기 속으로 춤을 추며
가슴에 안깁니다

피어오르는 아지랑이 따라 대지도
쉼 없이 사랑의 춤을 추는 아, 봄의 왈츠가
나비 되어 살랑살랑 사랑을 속삭이면
세상은 희망으로 눈부십니다

그대가 처음 사랑으로 내게 올 때처럼
다시 희망으로 잉태되는
봄의 왈츠

그대여, 봄의 왈츠를 기억하세요
다시 사랑으로 오세요

초대시 · 2

이정숙

〈수록 작품〉

- 성 밖 숲
- 꽃마실
- 핑계가 생겼다
- 마지막 나들이
- 별거 아니지만
- 우렁각시
- 아뿔사
- 꿈길
- 알밤 툭
- 천하장사

이정숙

성 밖 숲 외 9편

이천변 물 마시며
오백 년 뻗어낸 뿌리

꺾여 누운 가지
어린싹 돋는다

손자 업고 내어주는 큰 그늘
왕버들잎 사이로
낮별이 반짝인다

맥문동꽃 필 때
여름눈 내린다

꽃마실

꽃구경하던 구름
꽃가지에 걸렸다

하늘은 파랗게 물들어
길을 낸다

봄바람이 시샘하면
꽃비가 내린다

핑계가 생겼다

재잘대며 신이 난
소풍 길

농사일 바빠 함께 못 온
울 엄마

화가 나서 걷어찬 돌멩이
발이 아프다

친구가 건네주는 사이다 한잔
눈물 나는 소풍날
핑계가 생겼다

마지막 나들이

꽃샘추위가 유난 떨던 날
꽃구경 가 자신다

아픈 몸 가누며
팔공산 나들이 나선다

차창 밖 눈치 없는 벚꽃길
봄 준비 바쁘다

오지 않는 봄
눈물로 맞는 엄마

별거 아니지만

소꿉친구가 온단다

늦가을에 엮어둔
무청 시래기 꺼내서
가마솥에 삶는다

눈물 콧물 흘리던 오후
어린 날 추억이 맵다

친정에 온 것 같다고
좋아하는 친구
돌아가는 길에
한 보따리 보낸다

별거 아니지만

우렁각시

참외 철에는
주말마다 동생 집에 온다

구슬땀 흘리는 우렁각시
작은 손이 야무지다

지나간 자리마다
빛이 난다

출하 철 끝내고
예쁜 옷 선물해야겠다

아뿔사

장대비에
세상 구경 나와
꿈틀대는 지렁이

정신없이 놀더니
돌아가는 길 잃어버렸다

햇살이 내려앉아
길 위에 잠든다

꿈길

강바람에
손 흔든다

꼭 다문 잎
달 보고 피운다

임 떠난 꽃자리
씨방이 영근 달맞이

늦여름 몰래 한 약속
노란 꿈길 걷는다

알밤 툭

향기 앉은 자리에
가시 옷 입힌다

누런 밤송이
살을 맞대고

볕 좋은 날
갈바람에 툭

갑옷 입고
세상 구경 나온 알밤

천하장사

무거운 짐
종종걸음 친다

장애물에 부딪혀도
놓치지 않는 손

몸집보다
열 배 큰 나방

등진 짐 가벼운 발걸음
푸짐한 저녁 밥상

초대시 · 2

장동석

〈수록 작품〉

- 철쭉을 보며
- 별
- 새들의 노래
- 오월 어느 날
- 억새꽃
- 새 한 마리의 고뇌
- 나무의 찬가
- 찔레꽃
- 인생은 마라톤
- 백자 앞에서

장동석

철쭉을 보며 외 9편

꽃은
어질어질
낮술 취한 죄罪의 빛깔이다

전생의 일들이
모두 피 멍든 기억뿐인데
윤회輪廻의 고리를 끊지 못해
이 계절에 다시 찾아 왔구나

미친 듯
이 세상 그리움으로 만개하여
바람에 흔들릴 적마다
죄 하나 더 얹어 주는 인연

바람에 스친 자리마다
붉은 햇살 쏟아져 꽃들은 미쳐가고
절망絶望의 끝에 서서
저 세월 따라 파문을 일으킬 때

꽃은
해탈解脫보다도
눈시울 붉음으로 낙하한다

별

이 세상에서
가장 아름답게 빛나는
별 하나가 있습니다

꽃 빛 다져진
그대 하늘 정원에 걷히지 않는
찬란한 눈부심

하얗게 하얗게
꽃봉오리 접어 올린
늘 내 마음 가득 넘쳐 흐르는
사랑의 봇물

눈 감으면
그대 그리워서
상념의 밤을 하얗게 지새우는

저 하늘에서
가장 향기롭게 빛나는
별 하나가 있습니다

새들의 노래

그들은
노래만으로
숲을 푸르게 정복해간다

여름 햇살에 풋풋이 짙어가는
녹음을 가슴에 안은 채
나뭇가지 그늘에 앉아
아주 농익은 솜씨로 노래를 부르고

맑고 고운 노래를 위해
오랜 인고의 아픔을 견디면서
한동안 푸른 목청을 가다듬은 뒤에야
비로소 이 숲속을 찾아든다

낯익은 폭염이 사라지고
어둠 끝에 외로움이 엄습해오면
연정이 꽃필 때를 기다려
그리운 짝을 찾아 또 한가락 절창을 하고

그들은
별처럼 먼 그리움보다는

저 천지간에 드넓은 자유를 배워
오직 노래 하나로 여생을 걸고
온통 숲을 초록의 빛깔로 채워간다

오월 어느 날

오월 끝에 뻐꾸기 울고
붉게 생리하는 연산홍 꽃잎을
바람이 훔치고 있다

초록 잎 사이에서
햇살이 염탐하며
여인의 배란일이 언제인지도 모르고
속살 깊숙이
벌건 대낮에도 엉겨 붙어 벌리는
뜨거운 정사

붉은 황사 바람과 함께
또 그렇게 와서
진한 수액을 자궁에 다 쏟아놓을 때
만삭의 여인이 웃으며
속내 다 털어 넌지시 가까이 오면서
달콤한 향기를 건네주고

어느새 붉은 꽃잎이 만개하여
흐느적거리고
뻐꾸기 소리에 잠겨 촉촉이 젖어드는

속살 풍만한 오후
먼 강물만 출렁이고 있다

억새꽃

하얀 억새꽃이
긴 등뼈로 버티며
수만 평에 걸쳐 광활하게 퍼졌다

초원이 구름을 휘감아
파노라마를 이루듯
가도가도 온통 억새밭으로
키가 크면서도 오밀조밀한 무희들처럼
무한의 자유가 절대인 양
종일 빽 댄스를 추고

꽃은 꼭 원색으로
화려해야 아름다운 것이 아니라고
아프게 손 사래질 치며
바람이라도 불면 파도치듯 휩쓸려서는
긴 등뼈를 겸손하게 뉘였다가
다시 일어서는 순수

하얀 억새꽃은
안개처럼 은은하면서도
그 아름다운 영혼이 격에 넘쳤다

새 한 마리의 고뇌
― 나의 詩 作法

저녁 숲속에서
고뇌苦惱의 새 한 마리가
마음을 비운 채
어두운 둥지에서 씨앗을 쪼아댄다

시인詩人이란 갈등으로
언제나 그늘이 져
저 찬란한 태양이 있는 밤이
왠지 모르게 그립고
그리워서
깊은 고독을 하나 둘 헤아리고

한갓 시어詩語란 존재 앞에
진부한 가슴 내어줘도
소리 없는 빈 메아리만 맴돌 뿐
새 한 마리의 뾰족한 부리가
움직이고
움직일 때마다

이 세상 수많은 언어言語들이
온몸을 던져 쪼이고

쪼여서는
오직 한 알 씨앗으로만
싹이 트고
나머진 고뇌의 쭉정이로 날아간다

나무의 찬가

바람이 불지 않는 날에도
나무는 새들이 남기고 간 긴 숨결로
끝없는 소리를 내고 있다

그들이 나뭇가지마다
다정히 속삭인 언어가 잎과 꽃들을 피워
가슴마다 열매로 볼 붉힌 것은
먼 하늘 그리움에 발돋움하듯
두 마음이 어울린 사랑일 것이다

모두가 아름답다고
나뭇잎이 단풍이 들어 감탄할 때
나무는 아픈 고뇌에 잠기고
누군가 빈 가지가 너무 허전하다고 하면
그들은 또 다른 꿈을 꾸고 있는가

이제는 춥다고 하는
두툼한 옷을 껴입는 혹한의 문턱에서
그들은 훌훌 아낌없이 옷을 벗고
칼바람에 흰 속살 비비며
새 봄날 거듭나려는 단장을 하는 것이다

허공에 팔 벌리고 서서는
나무는 은밀한 노래를 불러대고
황홀하게 손을 흔들고 있다

찔레꽃

등치가 작다고
함부로 까불고 얕보지 말라고
온몸에 가시를 달았다

들길 옆에 마실 물만 있으면
한 여름 내내
질 줄 모르는 작은 웃음

행여나 꽃이 크면
싱거울까 봐
쪼그맣게 아주 쪼그맣게
사방에 가시 줄기를 늘어놓고
그리움 무더기져 피는
별꽃들

때로는 기쁘고
때로는 슬퍼도 하며
계절의 생리를 앓는 복통으로
꽃은 아픔을 수혈한다

인생은 마라톤

인생은
매일같이 달리는 마라톤이다

처음 한 약속같이
어김없이 펼쳐져 있는 고독한 길을
맨몸으로 달리기도 하고

언제나처럼
꽃향기 만발한 아스팔트길이 있지만
모진 세월 긴 풍파
돌부리에 차이고 밟히면서도
힘차게 달려가야 하는 비포장도로도 있다

그 언제인지
절정의 날을 기다리며
험난한 자갈밭 사이 쭉 뻗은 고통의 길을
맨발로 질주해 가는

인생은
비가 오나 눈이 오나
달려가 닿고 싶은 곳이 있어
누구나 평생을 달리는 마라톤이다

백자 앞에서

목이 긴 두루미를 닮은
순백색 지조志操 깊은
여인의 기품이
수려하고 아름다운 곡선으로 흘러
꽃향기 풀풀 나는 매화 자태를 닮았다

밤하늘 별빛이 그리운지
고운 각선미 쭉 뻗은 여신처럼 변장하고
천도의 열기로 온몸을 달궈
투명한 칠보 옷자락을 걸친 채
속 고쟁이로 속내를 감추고 있구나

이 세상 허물을 벗어내고
오직 아름답고 날렵한 품위를 뽐내듯
소박하고도 우아한 영혼은
눈부시게 빛나는 비상을 꿈꾸다가
그리움의 불꽃이 튀어 백자로 굳었는가

목이 긴 두루미를 닮은
순백색 정조貞操 깊은
여인의 몸매에

유유히 떠 있는 조각배를 그려 놓고
힘차게 승천하는 용의 기상을 품었다

초대시 · 2

〈수록 작품〉

- 비꽃
- 마음의 껍질
- 詩, 내건다는 건
- 아네모네
- 흰 분칠한 코끼리
- 기울어진
- 무위도식
- 예배당 종소리
- 유월의 장미
- 구치소에서

비꽃 외 9편

언제였던가, 마음이 공허하여
대상 없는 그리움으로 서러웠던 적

그리움은 기다림 잉태하고
기다림 끝에서 취산화서로 번지던 눈물이여
뚝뚝 떨어지는
저 허공에 피어나는 꽃이여
당신이 쓰러진 자국마다
긴긴 여름날 꾹꾹 누르며
설움 복받쳤던 적

언제였던가, 당신 향한 길목이 막혀
숨죽여 기다리며 서러웠던 적

간절한 궁핍이 꽃으로 피어나듯
성긴 눈물이 뚝뚝 떨어질 무렵
내 가슴에 꽃이었던 사람아
오랜 가뭄처럼 절절했던 첫사랑아

언제였던가, 당신은 지고
청춘의 무더기 비가 열렬했던 적

마음의 껍질

살다 보면
연활한 생활의 껍질이 필요하지
거북이 등보다 견고한 마음이 있어야 견디어내는
힘겨운 날도 있다.

한 꺼풀 벗는다는 것은
아픔을 자초하기 마련이지만
그 아픔 지지고 볶다 보면 생살 굳는 날도 있어
꿈꾸는 자는 벗는다.

하물며
생명 한 꺼풀 벗는다는 것은
산 사람에 대한 허물을 덮은 일이지만
비움으로써 가벼워진 나락에 자신을 버리는 이도 있어
세상은 아름답다.

정직한 내 속살을 드러내고 산다는 것은
양파 속이나
호도 속이나
껍질은 있겠으나
마음의 껍질을 벗는 일이다.

詩, 내건다는 건

콘크리트 벽에 액자 걸어본 사람은 알고 있다
공간을 나눈다는 것이 얼마나 단단한 일인지
망치로 타격하는 순간 튕겨 나오는 힘에
굴절된 편견은 쓸모없는 못이 되고

못 하나에 액자를 걸어본 사람은 알고 있다
중력을 가늠하는 것이 얼마나 집요한지
어항에 들어간 쏘가리처럼 한 번 박힌 못은
다시 강으로 돌려보낼 수 없다는 것을

보통 사람의 그림이 떨어지는 중력을 매달아
벽지 뒤에 숨겨진 옹벽에 뿌리내리고
세상과 소통하는 일이 얼마나 어려운지
제 망치에 손가락을 맞아본 사람은 알고 있다

아네모네

봄바람 타고 피었다가
스쳐 가는 바람결에 지고 마는 꽃
아네모네가 있습니다.

화려한 당신의 자태는
나로 하여금 장미를 사랑하게 하고
연약한 당신의 이름은
에로스적인 사랑을 유발하였습니다.

아도니스의 몸에서 흘러나오는
봄의 속삭임은 이별을 잉태하고
그대 가슴에 입맞춤하는 순간
머나먼 지중해의 꽃이 되었습니다.

꽃 아닌 꽃에 유혹되어
괴로움은 사랑의 심미안이 되고
해마다 그리운 눈물에서 피어나는 꽃
아네모네가 내 가슴에 피어납니다.

당신과 함께 걷던 거리에서
이국의 여인이 바람결에 스쳐 갈 때

호흡이 멎을 것 같은 사연은
아네모네의 신화가 되었습니다.

흰 분칠한 코끼리

언제부터인가 창문을 열면
회벽을 두른 눈과 코가 빛나는 거산이 서 있다

흡사 흰 분칠한 아프리카코끼리
실루엣에 사바나의 우뚝 선 코끼리가 보이는 날
분주하게 돌아오는 저녁의 발길은
육식동물 분비물 역한 냄새가 묻어오고
들짐승 소리가 들리기 시작한 어두운 밤엔
두려움과 의심이 의문의 열대야 같아서
24시간 돌아가는 무인 카메라
안팎을 감시하는 눈초리가
스스로 유폐한 시간 날짐승의 음성이 날카로운
문풍지가 사라진 창틈에 끽연의 괴물을 가뒀다

훅하고 흡입했을
가을의 조각들이 노랗게 흩어진 아파트 주차장엔
코끼리의 발자국 찾아볼 수 없다

기울어진

기울진 연잎 위를
사뿐히 구르는 아침이 서정시를 쓴다.

방울방울 투명한 알몸으로 쓰는 시
정점을 향해 아래로 내닫는 순간
아찔한 꼭짓점의 유폐한 감성이 숨 쉬는 시
익스트림 스포츠 같이 짜릿한
둘레의 분간이 뚜렷한 시

낱말의 웅덩이에 씻긴 어린 햇살이
토란잎 기울진 아침의 기지개를 켠다.

무위도식

목련 앞에 서면 목련이 된다
이 시대의 50대 가장처럼
안쓰러운 것은
처녀 같은 자태로 봄의 폭죽을 울렸고
우산살 같은 줄기로 여름의 녹음을 지탱하다가
겨울 오는 길목에서 혼자되는 목련
달팽이의 세월을 등진 계절은
떠나는 이 시대의 어머니 같이 그리운데
하얗게 핀 꽃 더러 서럽다고
파란 잎 더러 짙 파래서 슬프다고
나목의 목련 더러 아프냐고
묻고 있을 나는, 계절의 문지기
무위도식하는
평상 위에 등짝

예배당 종소리

골목 끝 전신주에
이름 잃은 꽃들이 등을 기댄다
제 그늘에 피었다가
그늘로 사라지는 걸 누구도 몰랐다
누렇게 웃던 개나리는
봄이 온 줄 알고 먼저 왔고
입구는 이미 벚꽃의 얼굴로 가득하다
꽃잎이 셔터처럼 내려앉는 그 길 위
나는 뒷모습만 밟고 걷는다

장날이 아닌 날에도
자리를 펴는 꽃장수는
고향에서 피던 무명씨들 같다
그늘에 피어 그늘로 지는 꽃들
그들이 나를 떠올린다면
그건 그리움일까, 잊힌 자의 체온일까

예배당 종소리는
누가 건드리지도 않았는데 울려퍼진다
기억이 건드린 건가
아니면, 정오의 햇빛이 슬픔을 건드린 걸까

텅 빈 마당 문풍지에 걸린 먼지처럼
목련이 번지고 있다
흰 꽃잎 안쪽으로
청춘이 서서히 뒷걸음질 치고
종은 그 발소리를 닮아 울린다

유월의 장미

유월의 장미가 붉은 것은
파란 하늘에 기다림이 지쳐서
게워놓은 그리움 때문이고

유월의 장미가 유난히 붉은 것은
초록 그늘 속으로 사라진 뒷모습이
단단한 수피로 얼룩져있기 때문이고

유월의 장미가 홍시처럼 붉은 것은
무르익어가는 사랑의 종말이
행여, 씨든 꽃다발처럼 목메기 때문이라고

구치소에서

강물을 혼탁하게 흐린 죄
한 바가지씩 떠다가 철창에 가두었다
구구구 아홉이라고 소명하는 사람들
철창 속 비둘기 같은 아우성은 무죄다

시류에 부합하지 못하고
열렬한 당신의 외침은 유죄다

11월의 창밖은 가을빛이 완연하다
구속의 의미는 퇴색하는 낙엽처럼
시간이 지날수록 가벼워지고
흐려지는 기억일 것이다

단절된 시간을 기억하는 사람들은
별로 없다

당신이 옮겨 다닌 숫자는
군번처럼 잊힐 것이고
물살 위에 수인번호는
시부렁거리는 독백이 되어
바다로 간 사람들처럼

당신의 죄목을 기억하지 못할 것이다

다시 강물이 되어
당신을 만나는 날엔 봄이었으면 좋겠다.

초대시 · 2

황화임

〈수록 작품〉

- 만타의 여정
- 요양원
- 지렁이의 모험
- 용접사의 여름
- 섣달 그믐밤
- 길 냥이
- 내 마음
- 폐차장에서
- 검은 국수
- 호기심

황화임

만타의 여정 외 9편

너울너울 장삼춤
속박 없는 바다 유랑 길
태생적 부르주아인가
알 수 없는 고요함은
과거의 묵직한 주인으로
긴 채찍 꼬리에서 의심이다
뼈 속에 새겨진 이름은 쥐가오리
시장통 홍어와는 모르는 촌수
검은 무게가 왕족인 듯싶다

수중 궁궐 츄라우미 수족관
사육사의 손끝에
던져준 밥을 먹으며 꿈꾸었던 탈출
인어를 따라 나온 비밀은
미궁에 잠가 두고
별들이 다녀간 발자국만 등에 새겼다
안락함을 버린 여정 그 간절함은 무엇인가
검은 바다가 묻는다

요양원

정신은 외출 중
구실 못한 폰으로 밤새
빈집에 통화를 한다

낯선 땅 전입 시절
지붕 없는 바퀴를 타고
돌고 돌아 몇 세월
가까스로 집을 데리고 와
쌀도 어린새끼도 그득히 채우니
숨이 목까지 차올랐다

저만 모르던 세월
귀먹고 눈멀고 송진 빠진 몸
병만 다정할 뿐 모두 어딜 갔는지
물 한 모금이 멀다

언제 약속을 했을까
제 속으로 낳은 세끼들 우르르
119를 데리고 왔다
먼눈 끔뻑끔뻑 속수무책

그렇게 무인도로 왔다

지렁이의 모험

뼈가 세운 세상에서
뼈를 빼고 살아보기로 했다
한 뼘의 몸에 붉은 정렬을 채우고
지하를 뚫고 나와 드믄 숲에
고요함으로 따리를 틀었다
최소한의 습기로 숨을 살려가며
다가오는 발자국에는 숨을 죽였다
가끔씩 쌀알만큼 뚫린 개미집에서
먹고 먹히는 일상을 바라보며
온전히 부드러운 세상을 꿈꾸었다

미물이지만 땅 위의 것들처럼
햇살 바람 달빛
제 몫 만큼 공평함을 갖고
지렁이가 아닌
하고많은 이름 하나도 갖고 싶다
그날을 위해 오늘 하루도 무사히 넘겼다

동이 곱게 튼 아침
일찍 깬 텃새의 눈과 마주쳤다
아 눈을 감았다

텃새의 입에 여린 날개가 보인다

용접사의 여름

성난 태양이
지구를 가르는 한낮
부서진 불꽃이 찌릿찌릿
남자의 목을 쪼아 댄다
그 흔적이 수년 된 점묘화다

쇠꼬챙이 끝에서 뿜어진
붉은 폭포는 이미
팔목에 박혔고
남은 열기는 숭숭 뚫린
바지 구멍에서 살을 달군다

남자는 불혹의 나이를 넘긴 듯
차오르는 숨을 자주 누르며
휴대폰 껍질에 새겨놓은
남매 사진에 미소를 보내곤
한 사발 찬물을 들이킨 후
더 진한 푸른 불꽃을 피워
제 몸을 또 태운다

섣달 그믐밤

그대 떠났지요
휘어진 봄날 금을 캐러
어느 길로 갈까 혼미한 채로
홀로 도착 되지 못한 금밭은
빼곡히 다녀간 발자국들

끓어오른 매미의 통곡 넘어
도착은 했지만 이미 시린 계절
첫 사랑 같이 흔들리는 단풍 아래
반백의 그림자

오던 길 묻지는 않겠습니다
나 또한 그 길로 왔기 때문이지요
약속은 없었어도 꼭 만나야 하는
그날이 오늘입니다
옹이 녹인 주점에서
쓴 소주 한잔 마시며 툭툭 다독이는 말
고생 많으셨습니다

길 냥이

조막 얼굴 금방울 눈동자

어미는 어디가고 친구는 어디 두고
그림자도 없는 사선死線 위에
서성이던 너
달리던 무소들이 용케도
멈춰주었구나
흘러온 안부 차마도 물을 수 없는 봄날
여린 꽃내음이 너를 불러와
어느 인정이 두고 간 한줌 먹이로
시든 속을 채워준다

지친 졸음위에 따사한 햇살
잃었던 순한 즐거움 살포시 불러주며
슬픔일랑 이제 그만
보드란 민들레씨도 네 곁에
가만 내려 앉는다

내 마음

마음에 묻어둔 종지 하나
낮에 들어온 생각
밤에 들어온 생각 모두 담았더니
새벽녘 넘쳐서 도로 빈 종지네
둑 없는 시름
감당 못한 작은 그릇 어찌 탓할까
차라리 쥐고 있는 미련도 놓아주고
엉겅퀴 하늘거린 샘물가에서
소금쟁이 두둥실 종지에 싣고
노을 길 내 마음도 함께 떠나볼까

폐차장에서

달리던 자동차들이
속도를 멈췄다
주저앉은 바퀴들과
깨진 창문들 사이로
바람이 들락거리고
풀씨들이 날아와 터를 잡는다

쇠 소리 낭자한 현장
제 각각 주인을 모시다가
명을 다한 차들의 마지막 집하장
베테랑 기술자 드라이버 소리가
드물게 숨을 쉬는 엔진 죽기를 기다린다

집채만 한 사연 핸들에 칭칭 감아두고
미련 없는 죽음으로
새로 태어나길 기다리는 공터에는
언덕 넘어 먼 성당에서 미사가 들려온다

검은 국수

반들반들 옻 색 윤기 도는 국수를
나이만큼 말아서
입 안 가득 내려 보낸다

열 살 즈음
백년 된 학교 앞
함부로 풀어놓은 멍멍이가 무서워
사람 잦은 빨간 간판집 앞 서성이면
검은 국수를 먹고 있는 제 또래아이
눈에 담는 아비의 모습이
유리창에 사진으로 다가 온 다

열여섯 살 공장 큰 애기 첫 월급 쥐어진 날
멍멍이 없는 도시 빨간 간판 집에 갔다
그 날 처음 검은 국수 맛을 보았다
자장면 이라고 배웠다

호기심

멀리 나가지 마라

엄마 말은 뒷등으로 보냈다
백일 안 된 꽃게 한 마리
티끌 눈으로 호기심을 앓는다
동네 형 거북을 따라간 산호 골짜기
훌라 추는 말미잘
바위능선에 곡예 하는 전복
흰 동가리들이 불어 올린 바다 솜구름
엄마 몰래 나온 후회는
나중 문제

낮은 안개 속 반짝이는 섬광
저것은 무엇일까
빛 따라 다다른 등대 앞
찰랑이던 물 언덕 바람에 잦아들어
거북형도 물길도 사라진 갯벌
새끼 찾아 나온 낙지 주꾸미들
어부 바구니에서 기다린다

바위틈 꽃게 엄마도
곧 만날 것 같은 예감

2025
월간 시(see)가 선정한 명시선

인쇄 2025년 7월 30일
발행 2025년 8월 7일

발행인 서정환
펴낸곳 신아출판사
편집주간 하옥이
주소 전주시 완산구 공북1길 16
전화 (063) 275-4000
팩스 (063) 274-3131
이메일 sina321@hanmail.net   essay321@hanmail.net
출판등록 제465-1984-000004호
인쇄·제본 신아문예사

ISBN 979-11-94595-88-5 03810
값 30,000원

Printed in KOREA